(사)한국시인연대 2012

한국시인연대 대표시선 제22집

한강의 시혼(詩魂)

(사)한국시인연대

 강기주
 강문규
 강신일
 고덕상
 공정식

 곽광택
 곽현숙
 권영랑
 권영주
 권오견

 권자현
 권화이
 금동건
 김관형
 김근이

 김기순
 김동선
 김동원
 김동익
 김 백

 김 복
 김사달
 김상현
 김석태
 김선구

 김선례
 김성계
 김성일
 김숙희
 김순녀

회원 · 2012

김연하	 김영옥	 김영욱	 김영화	 김옥녀
 김옥재	 김옥향	 김옥현	 김용수	 김이정
 김종기	 김종원	 김주옥	 김준경	 김창현
 김태수	 김태자	 김풍배	 김훈동	 남용술
 노선관	 노준현	 류영애	 림은서	 맹숙영

박건웅   박근모   박대순 시   박대순 시조   박래흥

(사)한국시인연대

박명식　박명희　박문신　박병선　박상교

박순자　박영숙　박일소　박정민　박종문

박종욱　박준상　박진광　박찬홍　박창영

박현조　배길수　배동현　배석술　배순옥

백규현　백인옥　서병진　서원생　선중관

설복도　성덕희　성환조　성후모　손병기

회원 · 2012

 손수여
 손순자
 손진명
 손희락
 신길수

 신동호
 신민철
 신영전
 신재미
 심재기

 심재흥
 심종은
 안숙자
 안연옥
 안용민

 양연화
 양지숙
 엄원용
 여명옥
 여한경

 오병욱
 오선숙
 오희창
 우금수
 우성영

 우홍순
 유경환
 유소례
 유승배
 유후남

(사)한국시인연대

윤갑석	 윤한걸	 이근구	 이근모	 이근보
 이기종	 이동근	 이명우	 이문재	 이상화
 이선영	 이수일	 이순우	 이양기	 이우재
 이유미	 이은협	 이인승	 이재성	 이정님 ^{이룻}
 이종수	 이종철	 이종화	 이지언	 이진석

이창환    이한식   이현정   이혜일   이호정

회원·2012

 임규택
 임성한
 임영희
 임제훈
 임종준

 임종팔
 장기연
 장동석
 장명자
 장문영

 장병민
 장영옥
 장인숙
 장현기
 전순옥

 정기상
 정득복
 정영기
 정인환
 정진덕

 정진희
 정창운
 정홍성
 정화자
 조기현

 조덕혜
 조병서
 조선숙
 조재화
 조혜식

(사)한국시인연대

 지종찬
 진진욱
 차경섭
 채규판
 채동규

 채수황
 채행무
 천강화
 최광호
 최권흥

 최기섭
 최기숙
 최승학
 최유진
 최현희

 추경희
 편 문
 하성용
 하순명
 하승지

 한석산
 한승민
 한재만
 한주운
 허은화

 홍계숙
 홍병선
 홍원선

2012 (사)한국시인연대

한강의 시혼(詩魂)

발간사

(사)한국시인연대 대표시선 제22집을 발간하며

　임진년은 우리 민족의 역사에서 점철되어 온 간난들의 시대였고, 과거와 현재에도 잘 견뎌 왔으며 그 어려움을 다시 발전의 기회로 만들어 온 우리는 자랑스러운 민족이었습니다.
　과거를 돌이켜 보면 우리 민족은 선비를 높이 숭상하고 사회의 선도적 지표로 삼아 왔습니다. 과거의 선비정신은 현재에 이르러 우리 시인들의 정신과 일치하고 있습니다. 글을 사랑하고 글을 쓰되 곧은 정신으로 순화시키고 인간 본연의 심성을 불러일으켰습니다. 시를 써서 인간의 염치廉恥를 바르게 세우고 탐욕에서 벗어나게 하여 인간다운 신의信義의 정서를 지키게 함으로써 그 사명을 다하게 하는 선도적 역할을 했으니, 이것이 곧 선비정신이며 시인의 정신이고, 또한 시인의 사명이라 할 수 있을 것입니다.
　이러한 시대적 환경에서도 경향 각지에서 끊임없이 시작활동詩作活動을 하는 한편 주옥같은 시편들을 모아 시집으로 출간하는 회원 여러분께 감사드리며, 천여 명 회원들의 시를 전부 수록하지 못하고 마감 날까지 보내 주신 옥고를 먼저 도착한 순서대로 모아 (사)한국시인연대 대표시선 제22집을 수장 가치가 높은 양장본으로 출간하였습니다.

2012년은 우리 한국시인연대의 지평을 여는 특별한 해입니다. 사단법인 한국예술문화연구원을 설립하여 그 산하에 한국시인연대를 출범시켜 활동을 하게 되었습니다.

과학이 발달하면서 예술문화는 엄청난 변화를 가져오고 있습니다. 이로 인하여 우리 문학은 독자를 잃어 가는 고독한 문학예술로 전락되어 가고 있는 것도 사실입니다. 이에 우리도 세속에 영합해야 한다는 논리는 아닙니다. 앞으로 우리 문학도 복합예술문화로 융합된 예술 형태로 발전시켜 가야 하는 절박한 시기를 앞장서서 변화시켜야 한다는 뜻입니다.

평생을 시를 쓰면서 오직 외길을 걸어오신 회원님들! 지금까지는 사회 정서의 정화를 위하여 때로는 시의 미학적 제공자 역할을 할 만큼 다했습니다. 이제부터는 우리 시인들도 문화예술의 제공자인 동시에 수혜자의 반열에 서야 할 때입니다.

이를 위하여 (사)한국시인연대 회원님들의 적극적인 참여와 협조가 필요한 시기입니다. 지난 일 년 동안 보내 주신 애정과 협조에 깊이 감사드리며, 왕성한 문필文筆 활동과 함께 문운文運이 방방곡곡에 퍼지시기를 기원 드립니다.

2012년 12월
(사)한국시인연대 회장 우성영

목차

발간사 　우성영

강기주 　끽다리에서 외 1편/ 21
강문규 　기행 외 1편/ 24
강신일 　자운영 외 1편/ 27
고덕상 　고운 황혼을 맞고 싶다 외 1편/ 30
공정식 　한 사발 막걸리로 외 1편/ 32
곽광택 　연가 외 1편/ 34
곽현숙 　간판 예술가 외 1편/ 36
권영랑 　여자로 산다는 것 외 1편/ 38
권영주 　그리움·1 외 1편/ 41
권오견 　산동네 사람들 외 1편/ 43
권자현 　무등산 입석대 외 1편/ 46
권화이 　인왕제색도 외 1편/ 49
금동건 　이 향기가 좋다 외 1편/ 51
김관형 　기다림의 손길 외 1편/ 53
김근이 　시장 외 1편/ 55
김기순 　봄 외 1편/ 57
김동선 　울면서 태어난 세상 외 1편/ 59
김동원 　사랑 외 1편/ 61
김동익 　봄비 여인 외 1편/ 63
김 백 　장마 외 1편/ 65
김 복 　몰래한 그리움 외 1편/ 67
김사달 　소록도에서 외 1편/ 69
김상현 　환영화幻影畵 외 1편/ 71
김석태 　인생이란 외 1편/ 73
김선구 　인생의 길 중에서 외 1편/ 75
김선례 　오륙도 외 1편/ 77

79 /상락아정常樂我淨	김성계
80 /행진곡만 불러 온 세월	김성일
82 /벌교 오일장 외 1편	김숙희
85 /장미 외 1편	김순녀
87 /여름 산 외 1편	김연하
89 /어느 노인 외 1편	김영옥
91 /인생길 외 1편	김영욱
93 /목련꽃 사랑 외 1편	김영화
95 /푸성귀를 퍼내는 밭에서 외 1편	김옥녀
97 /봄날 소곡小曲 외 1편	김옥재
99 /불 외 1편	김옥향
102 /양귀비여 외 1편	김옥현
104 /대성리 아침 외 1편	김용수
106 /봄의 탄생 외 1편	김이정
109 /그렇게 살자 외 1편	김종기
111 /바랑 외 1편	김종원
113 /지식공작소 외 1편	김주옥
116 /나는 사라진다 외 1편	김준경
118 /창촌 정자나무 외 1편	김창현
121 /아버지를 그리며 외 1편	김태수
123 /무상 외 1편	김태자
127 /꿈으로 찾아오는 시 외 1편	김풍배
129 /그렇게 봄은 온다 외 1편	김훈동
131 /겨울 자화상 외 1편	남용술
133 /뻐꾹새 운다 외 1편	노선관
135 /종탑에 떨어지는 독경 소리 외 1편	노준현
137 /우주에서 보면 외 1편	류영애
139 /우체통 앞에서 외 1편	림은서

(사)한국시인연대

목차

맹숙영　종소리 외 1편/ 142
박건웅　글쓰기 외 1편/ 144
박근모　죽서루 외 1편/ 146
박대순^시　백두산 가는 길 외 1편/ 148
박대순^{시조}　결혼 60주년 기념사진 외 1편/ 150
박래흥　죽음을 생각하면 외 1편/ 152
박명식　아름다운 봄날 외 1편/ 154
박명희　겨울 바다 외 1편/ 156
박문신　불 꺼진 산촌 외 1편/ 158
박병선　자전거 타는 아이들 외 1편/ 160
박상교　따라갈 수밖에 없는 세월 외 1편/ 162
박순자　가을걷이 외 1편/ 164
박영숙　대숲에서 외 1편/ 166
박일소　사랑·2 외 1편/ 168
박정민　주엽목 신화 외 1편/ 171
박종문　창밖의 여인 외 1편/ 173
박종욱　산 외 1편/ 175
박준상　서로를 믿는다 외 1편/ 177
박진광　내 친구 외 1편/ 179
박찬홍　세연정에서 외 1편/ 181
박창영　갯마을 시리즈·1 외 1편/ 183
박현조　아름답게 물들어 가는 노인 외 1편/ 185
배길수　뻐꾸기 울던 산 외 1편/ 187
배동현　봄의 무례함을 고함(告喊) 외 1편/ 189
배석술　기다림 외 1편/ 191
배순옥　피아노 그리고 고뇌·2 외 1편/ 194
백규현　안개 속에서 외 1편/ 196
백인옥　가을밤에 외 1편/ 198

200 /한스런 삼천 궁녀 외 1편	서병진	
202 /12사도 상 외 1편	서원생	
206 /틈새 생명 외 1편	선중관	
208 /화단의 봄 외 1편	설복도	
210 /그리움 한잔으로 외 1편	성덕희	
212 /청주어 외 1편	성환조	
214 /잠 깨는 세상 외 1편	성후모	
216 /참된 삶 진리에서 찾는다 외 1편	손병기	
218 /연꽃 외 1편	손수여	
222 /소요산 연가戀歌 외 1편	손순자	
224 /고향의 그리움 외 1편	손진명	
227 /인연의 매듭 외 1편	손희락	
229 /목련꽃 서정 외 1편	신길수	
231 /저녁 안개 외 1편	신동호	
234 /해안선에서 외 1편	신민철	
236 /매화꽃 지던 날 외 1편	신영전	
239 /나 그대에게 고운 향기가 되리라 외 1편	신재미	
241 /새벽달 외 1편	심재기	
243 /어떤 대화 외 1편	심재흥	
245 /그대 나를 부르시면 외 1편	심종은	
247 /어느 밤이면 외 1편	안숙자	
249 /울림 외 1편	안연옥	
252 /신필모가新畢耗歌·1 외 1편	안용민	
254 /햇살이 머무는 뜨락 외 1편	양연화	
256 /너를 보내는 일 외 1편	양지숙	
258 /수박밭에서 외 1편	엄원용	
260 /축련산 철쭉 외 1편	여명옥	
262 /가을의 뻐꾸기 외 1편	여한경	

(사)한국시인연대

목차

오병욱	바퀴벌레 인간?	외 1편/ 264
오선숙	길이 몸을 바꿀 때	외 1편/ 268
오희창	찔레꽃	외 1편/ 272
우금수	침묵의 향기	외 1편/ 274
우성영	사랑의 기억	외 1편/ 276
우홍순	나목裸木·20	외 1편/ 278
유경환	빨래터의 굿판	외 1편/ 280
유소례	다뉴브 강	외 1편/ 282
유승배	끝을 맺지 못한 시	외 1편/ 285
유후남	안경을 닦는다	외 1편/ 288
윤갑석	세상살이	외 1편/ 290
윤한걸	나는 누구인가·46	외 1편/ 292
이근구	10월의 농막	외 1편/ 296
이근모	유월의 풀씨 언덕·2	외 1편/ 298
이근보	울돌목 뜰채	외 1편/ 300
이기종	가던 길	외 1편/ 303
이동근	폴 세잔의 '나무와 집'을 그리는 동안	외 1편/ 305
이명우	산골 풍경·450	외 1편/ 308
이문재	웃음꽃 세상	외 1편/ 310
이상화	촛불	외 1편/ 312
이선영	나로부터의 자유	외 1편/ 314
이수일	녹음 오케스트라	외 1편/ 316
이순우	월광곡	외 1편/ 318
이양기	장독대	외 1편/ 320
이우재	미련 떠는 아름다운 추억	/ 322
이유미	된장	외 1편/ 324
이은협	능소화	외 1편/ 327
이인승	봉사가 보는 세상	외 1편/ 329

332 /부부 외 1편   이재성
334 /변방 외 1편 ^{이룻}이정님
337 /황새 외 1편   이종수
341 /사랑 외 1편   이종철
343 /어둠 속에서 핀 꽃이여 외 1편   이종화
345 /바람의 꿈 외 1편   이지언
348 /바위 외 1편   이진석
350 /공해公害 외 1편   이창환
352 /불꽃 외 1편   이한식
354 /그리운 그대여 외 1편   이현정
356 /사월의 아침 외 1편   이혜일
358 /가정家庭 외 1편   이호정
360 /빨간 우체통 외 1편   임규택
362 /이름이 필요한 이유 외 1편   임성한
365 /풀잎의 노래 외 1편   임영희
367 /분수 외 1편   임제훈
369 /들꽃 외 1편   임종준
371 /며늘애야, 너는 아들 키워 이런 며느리 얻으련? 외 1편   임종팔
376 /길을 가며 외 1편   장기연
378 /저녁 바다 외 1편   장동석
382 /비가 내리는 날 외 1편   장명자
384 /옥수수 사랑 외 1편   장문영
386 /억새꽃 외 1편   장병민
388 /해바라기 외 1편   장영옥
390 /가을 산 외 1편   장인숙
393 /기도 외 1편   장현기
395 /호수 외 1편   전순옥
397 /회상 외 1편   정기상

(사)한국시인연대

목차

정득복	바보! 바보들아!	외 1편/ 399
정영기	초롱꽃	외 1편/ 401
정인환	봄길	외 1편/ 403
정진덕	참된 자유여 내게 오라	외 1편/ 405
정진희	시동	외 1편/ 408
정창운	어쩌다 바람에 흐느끼는 옛사랑	외 1편/ 411
정홍성	초가삼간	외 1편/ 413
정화자	반려자	외 1편/ 415
조기현	물결치는 하얀 무늬의 강	외 1편/ 417
조덕혜	멋진 아침	외 1편/ 419
조병서	마음의 부자	외 1편/ 421
조선숙	낙산사 앞바다	외 1편/ 423
조재화	금강교	외 1편/ 425
조혜식	단풍 보러 가리라	외 1편/ 427
지종찬	요지경	외 1편/ 429
진진욱	어쩌다가	외 1편/ 431
차경섭	아리랑	외 1편/ 433
채규판	소록도기記	외 1편/ 435
채동규	겨울나무 · 1	외 1편/ 438
채수황	따뜻한 마음	외 1편/ 440
채행무	그랜드 캐니언	외 1편/ 442
천강화	사십구년생	외 1편/ 444
최광호	고향	외 1편/ 448
최권흥	연예당	외 1편/ 450
최기섭	소지所志	외 1편/ 452
최기숙	우리 집 사과나무	외 1편/ 454
최승학	송정리	외 1편/ 457
최유진	목련을 그리며	외 1편/ 459

461 /가을 달밤 외 1편　최현희
463 /10월, 양양에는 외 1편　추경희
466 /하늘 외 1편　편 문
470 /용오름 외 1편　하성용
472 /청정제를 생각하다 외 1편　하순명
474 /벤자민 외 1편　하승지
476 /봄빛 쏟아지는 청보리밭 외 1편　한석산
478 /애바라기 외 1편　한승민
480 /붉은 초승달 외 1편　한재만
482 /재생 외 1편　한주운
484 /당신은 늘 그리움입니다 외 1편　허은화
486 /충전 외 1편　홍계숙
488 /아름다운 추억을 위하여 외 1편　홍병선
490 /시인의 노래 외 1편　홍원선

(사) 한국시인연대 제11대 임원 명단

끽다리에서 외 1편

강 | 기 | 주

솔바람 소리 흘러
달빛 젖은 화개동천

산마을 산수유꽃
그리움이 묻어나면

모암골
물소리 새소리가
끽다리에 머무네

물결 따라 오고 가는
그윽한 정 열어 놓고

푸름이 감겨 오는
산골 아득한 터

바람도
쉬었다 가네
작설차가 눈을 뜨네

발자국을 옮기자니
화개천 맑은 물이

어느덧 가슴을 넣고
천 년 향기 깨워 준다

머물고
머물고 싶어라
몸만 홀로 가야겠네.

화개동 편지

맑은 물 되구르고
지리산천이 귀를 열면

죽로 향기 그윽한
십 리 길 꽃은 날고

나그네
나그네들도
화갯골을 닮았더라.

기행記行 외 1편
―시카고 뮤지컬

강│문│규

삼은초등학교
상반기 워크숍을 떠나는 날
전 교직원들과 관광버스를 타고
화성 기아자동차 회사에 견학

광활한 50만 평의 평원에
우뚝 선 미래의 혁신 대한민국

기아에서 새로 출시될 모델 나인은
시속 250킬리미터로 질주
가슴 뭉클한 비천이었다

신길동 빕스에서 저녁 만찬 후
오페라 하우스에 도착

전 세계 밀리언셀러를 기록한
서양 속의 동양
시카고 뮤지컬
유혹과 증오의 살인까지
숨 막히는 두 여죄수의 연기력은
용광로 속처럼 뜨거웠다

여배우들의 매혹적인 몸짓과 재즈의 향연은

원색 정열의 섹시한 율동 그 자체였다

긴장 늦출 수 없었던
긴 시간의 사색을 채우는 멋진 밤을
교우들과 함께한 보람을 느끼며
양평 숙소로 이동 중
임진년壬辰年 올 한 해 가뭄에
간절히 바라던 금쪽같은 비가
쏟아지고 있다.

단상의 추 · 1
―환희

다원화된 이미지의 숲 속
바람이 공그르는 긴 시간
사랑 별 영혼의 교감
절묘한 하모니를 이루는
현란함이여

아
밀물처럼 온몸에 스며 흐르는
전율하고 전율한
사랑이여

언제나처럼
밀영지 어둔 바다에
꽃구름 이는
비상의 숨결이여.

자운영 외 1편

강│신│일│

4, 5월
논바닥에
활짝 핀
자운영이여
너
아름답기 그지없구나

꽃 피워
꿀벌에게
모두
공양하고
가장
아름다운 시간에
너는
땅에 묻혀
다른 생명 살리는
거름이 되는구나

너는
아가페적 사랑과
희생 위에 핀
아름다운 꽃
부활이어라.

마음 공부

우리가 늘 안고 사는 것이 마음이지만
또한 아무리 공부를 해도 알 수 없는 것
그것이 마음인가 하네

바늘 하나 꽂을 자리 없는
옹졸한 마음이여
안식일 규정 율법으로
너희 마음 돌같이 굳어 있구나

손이 오그라들어
주먹을 꼭 쥐고 있는
저 병자의 모습에서
너희 마음 보셨음 왜 모르는가

그분마저 고치기 어려운 병은
오그라진 손이 아니라
오그라들어 옹졸해진
그대들의 마음의 병이라네

오로지
자신만이 오므린 마음 펼쳐
온 우주 품을 수 있지만
오므리면 한 점 바람도

머물지 못하나니
마음도 다 이와 똑같네.

고운 황혼을 맞고 싶다 외 1편

고│덕│상

굴레방다리가 내려다보이는 모둠구이 집
아현동 옛 벗들과 둘러앉아 소주잔을 기울인다

50년대 말 10원짜리 멀건 국수 한 그릇 놓고
경기공업고등학교 아현국민학교 바라보며
금의환향을 꿈꾸며 이[齒]를 악물었지만
왜 그리 일식日蝕과 월식月蝕이 길을 막았던지
나에게 늦깎이 서른의 대학 시절이 있었다면
낮에 뛰고 밤에 기어도 풀칠조차 어려운 때였지
호흡기 질환 담당 의사는 내 숨참의 원인을
가난한 성장기의 냉고래 잠에다 전가시켰다

빡빡하고 머쓱해 살맛 없는 청춘기였지만
나는 뜨건 가슴으로 남들과의 간극을 좁혔고
화끈한 사랑으로 우리 부부는 도톰해졌다고
그저 평범한 삶이었노라고 자위하며 살았다

이제 흑자 생산의 시간이 내 편이 아닌 지금
이미 많은 것들이 내 곁을 떠났지만
행인지 호흡기를 제외하곤 아직 멀쩡하다
느슨한 옷으로 갈아입고 고운 황혼을 맞고 싶다.

두 번째 이별
―아버지 묘를 옮기며

아버지의 포근하고 따스한 넓둥글한 등허리
한번 업혀 봤을까 못했을까 한 팔십 년 전쯤
말씀도 모습도 기억에 없는 흐릿한 추억뿐
한데, 입학식 날 졸업식 날 특히 학위 받던 날
그 빈 한 자리가 천추의 한이 되고 속울음 되고….

시류時流 따라 국방대 진입로로 밀려난 유택幽宅
이천십이 년 청명한 윤삼월 초여드렛날
산신 축과 이장한다는 고사告辭를 올리고
봉분을 파헤치는 인부들 손놀림을 넋 잃고
바라보는데, 불쑥 아버지 손을 내밀 것 같아….

아주 오랜만에 지상의 눈부신 햇빛이
내광 속을 헤드라이트처럼 환히 비쳐 드니
한 줌의 검은 재가 된, 그리고 그리던 아버지
눈물도 슬픔도 절망도 날아가 버린 공허空虛
그리던 일이나 미워하던 일이나 다 아픔이 되고….

네 살 적 철없어, 등에 업혀 뒤따르던 이별
여든한 살 철들어, 검은 흙의 잔영과의 이별.

한 사발 막걸리로 외 1편

공│정│식│

막걸리 한 사발에
이율배반 고놈을 타서 마신다

고놈의 야멸찬
심보 생각하며
안주 삼아
막걸리 한 사발 마신다

사람을
사람을 헤아리지 못한
여우 같은 고놈
능멸함을 버리기 위해
오늘도 막걸리를 마신다

한 치의 인간人間답지 못한 고놈
생각조차 없애기 위해
자정子正이 넘도록
움막에서 막걸리를 마신다.

원죄原罪

깊디깊은
청산에 흐르는 계곡
한 칸의 지붕 아래
잡초만 무성한 움막
수년數年 눈에 익어도
보이지 않는 내 삶에는
울도 담도 없이 흔적만 찾는다

연기가 모락모락 피고
부탄가스엔
된장 냄새와
보글보글 끓는 라면에
한 인생人生의 생명生命을 깔고 앉아서
이 깊고
험한 삶의 골짝에서
사람 사는 법法에 매달려
내 원죄原罪의 냄비를 닦고 있다.

연가 외 1편

곽 광 택

당신의 웃음은
기쁨입니다

당신의 눈물은
소중한 진주입니다

당신의 마음은
그리운 향기입니다

당신의 작은 사랑은
천심을 향하여
타오르는 불꽃입니다.

농심

농심은 어머니의
고향이다
고향은 언제나
좋은 추억이다
농심은 영원한
마음의 고향이다
자유 정의 진리의
터전이다
농심은 자기만의
사랑이 아니다
나라 사랑 이웃 사랑이다
농심은 아들이며
딸이다
믿음 소망 사랑이다
농심은 소박한
마음이다
신토불이의
된장찌개 맛이다.

간판 예술가 외 1편

곽│현│숙

화강암 돌 틈 사이 스며드는 햇빛같이
물감은 천천히 스며들었다
글자들은 머릿속에서 불빛이 맴돌며
숨바꼭질을 시작한다
야시장이 무대라 생각하고 숨바꼭질하였다

화강암 돌덩이 두 줄 높이로 세워
바람벽을 막았지만 실내 넓이는 두 평 남짓
햇빛에 마르는 간판의 그림 웃옷은
엷게 칠하여 물감 붓이 마르는 햇빛
간판의 그림 웃옷을 적신다
실내에 가득 찬 햇빛이 지루했을 때
야시장이 선다 야시장이 무대라 생각하고 숨바꼭질을 시작
한다 엄마 치마를 둘러쓰고 전등불빛과 어둠을 오가며 숯불 위
에 끼얹은 물방울의 뜨거움으로 유년은 무지갯빛이었다

극장에 갔을 때 배우들의 몸짓에
박수를 보내며 콜 커튼이 내려오며
반가운 커튼 속 수놓인 이웃 집 우리 집
상호에 비치는 불빛이 반짝이는
유년은 모든 삶의 순간 장면이
무지갯빛이었다.

공중 줄타기

한 가닥 줄 위에 섰다
바람아 불지 말아라
발길은 지금 날아간 제비
대금피리 살 위 육각 잡히고
바람이 불든지 말든지 기분이 좋다.

여자로 산다는 것 외 1편

권 영 랑

가시밭길인 줄도
모르고 걸었습니다
뒤돌아볼 여유조차 없이
내 한 몸 부셔져서
이룰 수 있는 행복이라면
그렇게 할 것입니다

희생하며 사는 것이
당연한 줄 알았습니다
먹을 것을 양보하고,
공부를 하지 못해도,

여자라는 이유로
모든 것 희생하며
번뇌하며 살아도,
아픈 줄도 모르고,
내 상처를 보살필 겨를 없이
오늘도 걷고 있는 나는
엄마입니다

치열한 현실 속에
부딪쳐 깨어져도
여자로 산다는 것

그것은
한없는 기쁨입니다.

긍정의 힘

사람들은 말을 한다 "안 된다고"
생각 없이 하는 말에
한 사람의 인생이 바뀌기도 하고,
죽음에 이르게도 한다

사소한 일부터 중요한 일까지,
아무런 거리낌 없이 충고를 한다
내 일이 아니니까

그 말을 듣지 않고 일을 하여 성공을 하면,
또 이렇게 얘기를 한다
"내가 될 줄 알았다고"

그들의 얘기같이 아무 일도 하지 않는 이들에겐
또 얘기한다
"너는 왜 이렇게 한심하게 사냐고"

오늘도 나는 부정을 부정한다
긍정의 힘을 믿으니까.

그리움 · 1 외 1편

권│영│주

달도,
별도,
하늘 이불 속에
꼬옥꼬옥 숨어 버리고

동구 밖 재잘대던
아낙들마저
잠들어 고요한데
간혹, 피리 부는 귀뚜라미뿐….

푸른 나무 잎새들은
가녀린 바람 연주에 맞춰
너울너울 춤을 추고 있습니다

머얼리서 한차례 울리는
기적 소리에
문득, 어릴 적 고향에서의
벚꽃처럼 소담스러이
피어오르던 기억들이
그리움으로
어여뻬 자리 잡습니다.

그리움 · 2

느―을
설레임에 붉게 물들이던
노을빛 속살의 하늘 아래
그리움은 핏방울이 맺히고,

밤새,
기다림의 별들을 쓸어 모아
투명한 시간의 가슴속으로 속으로
쏟아부으면,

비틀비틀 고독은 발목까지 내려와
뒤척이며 울음 운다

세상에서 나 같기도 하고
너 같기도 한 나를 보면서
세월을 보면서,
한 줄기 바람을 타고
한 조각 희망을 먹으며,

아직도 빛나는 당신의 눈빛,
사랑이어라.

산동네 사람들 외 1편

권 | 오 | 견

고요한 산동네
밤하늘도 노동을 내려놓았다
발걸음이 무거웠던 좁다란 골목길
하늘까지 올라가
별이 되겠다는 사람들
얼마나 모진 비바람이
그들을 휩쓸고 갔을까
뿌리가 단단히 내린 비탈에 선
나무처럼 살아온 사람들
옆을 돌아볼 겨를도 없이
한길만 바라보면서
숨차게 달려왔을 생애
때묻은 거리를 뛰어오른 산동네
밤하늘이 내리면
제각기 별 하나 품고
빛나는 꿈을 꾸는 사람들
지상에서 첫 번째
행복한 나라로 입주한
산동네 사람들.

그루터기

동네 앞 둑방 길 아래
버드나무 그루터기 한 그루
지나치다 마주하였다

아물다 만 상처 위로 새살이 돋듯
밑둥치 흙을 비집고 오르는
가녀린 잎줄기
자글자글한 봄 햇살을 머금고
푸른 희망에 젖어 있었다

긴 겨울 반 토막 생을
언 땅에 묻어 놓고
침묵으로 버틴 미덕
환생을 꿈꾼 보람일까

모진 세상 날 선 칼날에
베어 보지 못한 사람은
저 그루터기의 일대기를 읽어낼 수 없다

말라비틀어진 내 생의 일부를
그루터기 심장에다
접붙이고 돌아오는 길
깜깜하게 저문 나를

달빛이 환하게
열어 주는구나.

무등산 입석대 외 1편

권|자|현|

장엄한 세월 품고
올곧게 깎아지른
웅장한 기암절벽

전설처럼
굽이진 사연
채곡채곡 잉태한 채

우주의 침묵 속에
켜켜이 쌓인
신비의 자태로

뉘엿뉘엿
넘어가는 황혼에
찬연한 눈부심 가슴 여미어

청옥빛 하늘 향向해
웅골찬 천년의 꿈
우뚝 서 있다.

장미원에서

눈부신 5월
금빛 햇살 내려오면
색색이 벙글어진
무지갯빛 화관 쓰고

고혹적인 향기와 몸짓으로
하많은 사람들 눈맞춤에
환희의 미소로 화답하는
천상의 숨결인가!

청아한 아침에는 진주처럼
반짝이는 이슬에 정갈하게 씻고
숱한 유혹의 꽃바람 불어와도
날카로운 가시창 곧추세워
순결한 정절 간직하여

별빛 영롱한 밤이면
낭만의 사랑 꿈꾸며
그리움 나래 달고
비단결 정감으로
달빛 밀어 실어와

아름다운 밀원에서

황홀하게 피어나는 네 자태에
감미로운 입맞춤으로 노래하는
나의 육순이여!

인왕제색도 외 1편

권 | 화 | 이

비 그친 인왕골에 솔바람 잦아들 제
송연묵松煙墨 짙게 갈아 한 호흡에 붓을 들어
풀어낸 맑은 뜻으로 선경을 그렸어라

빗물로 산을 씻고 눈물로 안개 그려
북악에 흘러내린 인왕바위 쓸어 담고
정 따라 먹물을 풀어 붓을 잡은 해거름

마음을 비워 내니 사방은 깊은 정적
찰나에 영겁 알고 깨달음이 찾아들면
빈산에 저 홀로 앉은 빈집 하나 남았어라.

창덕궁 춘몽

봄 되면 피는 것이 어이해 꽃뿐이랴
홍매화꽃 그림자 창밖에 드리우니
고운 임 붉은 옷인가 종일토록 설레었네

비 오면 지는 것이 어이해 꽃뿐이랴
매화 끝 빗방울이 무겁기도 하여라
어느 꽃 스치는 비가 얕은 잠을 깨우는가

덧없이 피는 꽃이 그리움 알랴마는
꽃 피면 그립다가 꽃이 지면 외로우니
꿈마저 시름에 겨워 아니 핌만 못하여라.

이 향기가 좋다 외 1편

금 동 건

나의 삶의 노래 음식쓰레기
뚜껑 열면 반갑다며 야단법석
얼굴 내밀며 해맑게 웃는 모습
참 아름다워 가슴마저 미어지고

진한 국물 내 몸에 뿌려 주는 눈치
이보다 진한 향수가 어디 있으리
신맛 짠맛 단맛 삼미의 오묘한 조합
이 향기가 세상에서 최고지.

행복은 어디에

행복이 무엇인지?
행복이 어떻게 생겼는지
행복 찾아 매일 떠나는 사람

복권방 앞에 멈춘 안구의 시선
이번 주에 몇 명이 당첨되었는지
내게도 파랑새는 올 것인지

한 올 기대에 의지하며
또 다른 행복을 찾아
길 떠나는 우리네 인생길.

기다림의 손길 외 1편

김｜관｜형

어느 하늘 아래 허기의 종이 된 곳
웃음을 아예 잃어버린 애처로운 날들
누군가 외면하면 흙에 묻힐 숨결들이
나눔의 눈빛 없는 메마른 누리에서
단비를 기다리며 목줄을 잇고 있다

짓궂은 운명의 시름 속에 부모 잃고
여린 핏덩이가 어머니의 품을 떠나
외로움과 굶주림에 지쳐 멍든 고아

삶의 고비 죽살이의 이정표 아래
모진 목숨 쓸어안고 발버둥 치며
안간힘을 쏟아도 빛이 없는 인생
누구나 한번쯤 마음 주면 어떨는지
삶이 일그러진 그들을 위해.

아침 이슬

남김도 없는 꿈 터 마음자리를
식은 바람이 멋대로 쓸고 간다
아무것도 보이지 않는 캄캄한 곳에서
양귀비꽃도 사랑새 노랫소리도
미련이나 욕망 욕심도 저 멀리 던진다
오직 촉촉한 물기를 얄밉게 빚어
진주알보다 영롱히 맺은 투명한 이슬
먹구름 덮인 뭇 날 두고두고 보고 싶다
어느덧 잠자던 햇살이 어둠을 헤집고
하늘을 열며 살며시 얼굴을 내밀더니
아침 이슬을 마냥 찔러 부서진다
미처 누구도 모르는 아름다운 미래
더 좋은 찬란한 하루를 맞으러
새 이슬은 새 이슬 올 자리를 비운다.

시장 외 1편

김 근 이

시장 뒷골목에는
우리네 할머니들이
낡은 상자 자판 위에
풋배추 시금치 열무 몇 단에
뒷산에서 꺾어 온
봄나물 소쿠리에
세월 때 묻은 정 듬뿍 담아 놓고
작은 양산 그늘을 머리 위에 이고 앉아
오고 가는 사람들의
발길에 채이는 시간을 마시며
정을 판다

지나쳐 온 세월 끝자락
작은 양산 그늘조차도
고맙기만 한, 세월 속에 묻어가는
인정들을 찾아 나온 시장
세월의 두께만큼이나 깊게 패인
이마의 주름살 속에
무거운 땀방울알 매달고
먼 하늘 구름자락에 세월을 판다.

광장에 내리는 비

오늘 광장에는
작열하던 태양의 열기를 씻어 내리는
비가 내린다

스산한 바람결에 뿌려지는 빗줄기 속에
가을 편지처럼 날아든
여린 꽃잎에 매달린 여름이
애틋한 이별을 고한다

지루한 여름 한나절을
불태우던 태양 아래
타다 남은 잔상들이 내려앉아
빗물에 씻겨 가는
어둠이 내리는 늦은 오후

소름 끼치도록 적막한 고독이
젖은 불빛 속으로 달음질쳐 오는
광장 한복판에
까닭 없이 찾아온 나를 세워 놓고
하염없이 비는 내린다.

봄 외 1편

김 기 순

가지마다
희망을 품은 싹눈
무한한 생명들은
부활을 꿈꾼다

작은 햇볕
작은 물길이

언덕배기 울타리에도
봄 한 점
슬쩍 찍어 놓았다.

호박넝쿨

땡볕 피한 저녁나절이면
나른한 햇살
빨랫줄에 꿰어
팽팽히 감아 간다

가닥가닥 늘어진 실핏줄
허공 한번
휘— 저을 때마다
노란 꽃을 피웠다

벌 나비 몇 번 오가는 사이
꽃 시들어
옹아리 떨어지면
줄줄이 열리는 애호박

생의 혹독한
수행을 마치고 나면
발그레 태양 같은 호박덩이
방실방실 웃을 날 있겠다.

울면서 태어난 세상 외 1편

김 동 선

울면서 태어난 세상
엉금엉금 기어 다니면서
배우기 시작한 인생
하루 삶의 흔적들이
무거운 눈꺼풀이 실리면
언제나 시작이고 싶은 마음

찬바람 속 말없는 가운데
목련이 피어나고
향기로운 향내가 풍기듯
미래의 향이 피어오르고 있다
겸손하고 너그러운 이유 있는 몸짓
우주에 젖은 듯한 눈빛은

이 세상 바라보는 사람아
먼저 자신을 바라보고
산처럼 버틴 모습은
인내와 노력으로 이뤄 낸 나의 텃밭
누군가 가슴에 품고 사는 것은
행복의 아지랑이

무상은 자연 따라 흐르고
이 세상 모든 사랑과 자비를 함께 나누고 싶다.

갈대 · 3

어느 그리움이 있어
이 언덕 가득 피었나
갈대에 파묻혀
말 못하는 가슴

야성의 언어로 목이 젖어
저리도 애절한 몸짓
가슴 저리며 속울음 우는
말 못하는 언덕에 묻혀 피리라

갈대밭 부서진 날개로 가득하고
날갯짓 소리
비상을 꿈꾸며
편안하게 잠들지 못하고
오늘도 하얀 손 흔들고 있다.

사랑 외 1편

김 동 원

써 놓으면
단 두 자이지만
하늘만큼 주고
땅만큼 주어도
모자라는 이

혹여
뉘 묻는 이 있거든
삼생이 다 모여
주고 또 주어도
여적
남아 있는 거라고

너도
곰곰이 생각해 보렴
이 황홀한 진실
인색하지나 않았는지.

부부夫婦

하늘이고 땅이올시다
하늘은 그 넉넉한 빛으로
땅을 적시고

땅은
그로 하여 늘 큰 가슴으로
보듬어 가꾸나니

아!
그리하여 하늘과 땅
태초에 하나여서

진정
사랑이 넘치는 부부는
강을 이루어 마르지 않고
바다로 흐르나니.

봄비 여인 외 1편

김 동 익

긴 겨울 쌓이고 쌓인 정情
봄비 내리면 가고자 한 약속
기다리던 봄비 촉촉이 내려
그대 곁에 살며시 다가갑니다

청롱한 은구슬 눈동자 속에
여인 사랑이 포근히 안겨지어
감싸인 듯 촉촉이 들어오는 비
그리운 보고픈 가슴 조여 옵니다.

기도

하늘 문을 오늘도 두드립니다
깨끗한 마음 아름다운 모습으로
빈손으로 무릎을 꿇고
삶의 길 평안케 소원 기도
두 손 모아 정성으로 기도합니다

당신의 형상 담고자 원하여
뜻 모아 머리 숙여 기도합니다
눈 감고 마음 모아 음성으로
당신의 영원한 사랑 받고자
기도합니다.

장마 외 1편

김 | 백

빈 거미집 마루 밑에
늙은 양수기 한 대 목을 꺾고 앉아 있다

그래도 한 시절
시퍼런 물줄기 주체할 수 없이
불끈불끈 솟구치곤 했다

그해 여름은 그리도 목이 탔는지
논머리마다 물꼬 싸움에
주인 최 영감 기침 소리 위엄을 잃고
갈라터진 논바닥에 나동그라질 때
칠월 한낮 매미도 뚝
자지러지던 울음 그쳤다

온종일 슬레이트 지붕을 타고 내리는
그 소리
비우고 비워도
녹슨 목구멍에서 쿨럭거리고.

폭포

영원한 고수는
북을 치지 않는다
허공에다 수의 한 벌 걸어 두고
바람을 부르고 구름을 부르며
하늘을 때리고 땅을 치는 것이다
천둥을 몰아치는 휘몰이 장단처럼
겁劫을 두들기는 울음이여
한생을 투신하듯 사는 일도
천 길 벼랑 앞에서
크게 한번 꺾여야 하는 것
말없이 흐르는 강물을 따라
저리도 큰 아픔 안고 가는 것이니
나는
강섶에 몸을 담근 한 덩이 슬픔이 되어
물속 상처들을 더듬어 보는 것이니.

몰래한 그리움 외 1편

김 복

당신 가슴속
한 모퉁이로
살짝 훔쳐들어
그리움 하나 심어
놓고 나와 본다

당신 가슴속 깊이
심어 둔 얼굴
달아오르는 것

행여 당신에게
들킬까 봐 홍당무가
되었다.

여명黎明

꼬끼오
꼬끼오
우는

수탉은
어둠
꿰뚫고

새날
불러
오고

암탉은
새 알을
낳는다.

소록도에서 외 1편

김｜사｜달

하운 시인 먼저 와 앉아
발가락이 또 하나 문드러졌다고
희디흰 웃음으로 지까다비를 벗는다

부끄러울 것도 없는 모가지를 내리고
황톳길 저며 오던 저주받은 시인이여!

땀구멍마다 솟아오르는
생피 같은 언어로
수세미 같은 태양을 보퉁이에 구겨 넣고
가도 가도 끝없는 남도 천 리를
절다가 절다가 퍼대고 앉은 자리
문둥이끼리 반가웠더냐

천년을 푸르러도 끝나지 않을
남도의 끝자락 한려의 고운 섬에
청정한 영혼의 얼굴
이끼 푸른 시비 앞에 내 어린 시가 떨고 있다.

낙화

오면 가고
가면 또 올 것을

핀다고 웃지 말게
진다고 울지 말게

꽃 없는 세월 어디에 있고
낙화 없는 날 또 어디 있던가

몰라도 길 묻지 않는 다리 위의 승려여
왔다가 가는 길이 반반이라서
낙조에도 재지 않는 발걸음인가

반반의 인생길에
오늘은 지는 꽃이 반절을 넘는다.

환영화 幻影畵 외 1편
―환영 주제 미전 관람 감상시

김│상│현│

철망 죽봉을 천정에 달아 채색하고
원근 명암을 다겹 단겹 처리하였다
옆에서 보면 철조망 대나무 숲 같고
앞에서 보면 인물 정물화 미네르바* 신선도

광학 렌즈로 비추어 보니
반가좌 사유상이 정좌하고
피사탑이 정립 착시하다

영고성쇠 삼라만상은
무상시공 불신변이물 不信變異物
인체 또한 오온 五蘊* 연합 緣合이어늘
장생 영화 애착 얼마나 가련한 일인가

세상에 모든 것
실상에 이기 理氣 체용 體用 환영화이어라
아! 천지 섭리 경이 경외여!

※미네르바(Minerva): 로마 신화에 나오는 지혜, 공예, 기예의 여신
※오온: 창조 5요소. 색色, 수受, 상想, 행行, 식識

물 흐르고 꽃 피는 곳

물 흐르고 꽃 피는 곳 별천지 도원경
물소리 바람 소리 새소리 풀벌레 소리
인적 없는 심산유곡 금수초목 낙원

파란 하늘에 흰 구름 산봉우리에 지고
파란 나뭇가지 끝 황금 꾀꼬리 알 둥지 걸고
꽃 바다에 벌 나비 훨훨 활비한다

계곡물에 잠긴 발 뼛속까지 시리고
상쾌한 심신 창공에 한 마리 학 되어 날아가네
아! 돌아가 모두 잊고 자연과 하나 되리

무상이 제자리걸음하는
물 흐르고 꽃 피는 곳.

인생이란 외 1편

김 석 태

긴긴 밤 찔려 가며
바늘 한 뜸 한 뜸
수놓아 경치 좋은
아름다운 금수강산
뒤를 보면 난마亂麻다
고통의 실이 엉킨.

만추晩秋

떨어진 낙엽 위엔 야윈 가지
추운 겨울은 봄을 위한 시련

걷히는 구름 뒤엔 파란 하늘
시린 하늘 같지만 더 큰 자유

파아란 머리 밑에 깊은 사유
고독한 산사라지만 대자대비.

인생의 길 중에서 외 1편

김 선 구

삶의 길 중에서
그대들 모두 그 길 가고 없기에
나 여기 외길 외로운 길로 가노라!

지구의 걸어온 역사 속에서
걸어가는 역사 앞에서
과거의 산들은 주검에 있는 것

시어들의 새로운 정의를 세우며
용서와 용서의 곧바른 길
고독의 아픔 절절함 속에서
나 교묘한 길 만들며
나 희한한 행복에 젖어!

나의 자유를 수호하였노라.

고독 · 19

가을
밤하늘
별들이 하나 둘
은하계의 은빛 강들이….

수많은 저 별들 중에서
나 여기 눈물 그득한 만큼
주고받을 수 없어 슬프다

아~ 한 잔에 넘치는 독주여
허기진 사랑에 대한 미움이여

고독에 미친 찬란한 어둠이여
뚝뚝 떨어지는 어둠이여.

오류도 외 1편

김 선 례

물빛 그리움 하나 한없이 깨물며
가지런히 모여 사는 바위섬 형제들
밀물과 썰물 따라 다섯 섬, 여섯 섬,
방패 섬과, 솔, 섬,
방울방울 떨어지는 굴, 섬, 안에는
한 사람 목을 축일 약수가 되고
오륙도 기상처럼 우뚝 솟은 송곳 섬
이름 하여 밭 섬에는
언제까지 등댓불, 환히 비쳐
배들의 길잡이가 되는 곳
줄지어 선 기암절벽
육지로 이어진 소반도,
지금은 부산의 기상이 되어
거센 물결 춤사위가 한창이다
옹기종기 모여 사는 다섯 섬 육 형제
파도 소리 연연한 부산 앞바다.

명상의 세계

어릴 적 토방에 걸터앉아
생각해 보았던 것들
저 산마루에 깊이 닿은 구름은
어디서 왔다가 어디로 가는지
피안에 닿은 물들이
파도로 제가끔 헤어지는 이치를
어른이 되면 알겠지 하며
그냥 귀 닫고 눈 감고 흘려보냈네

철 따라 하늘을 향해
무수히 나부끼는 꽃들의 아양
내 마음 흔들 때도 정녕 몰랐네
그러나 덧없는 세월 흘러
지천명 나이 된 지금도
내 진정 모르겠네
살아가는 그 이유를
자연의 한 섭리를 아직도 모르겠네.

상락아정 常樂我淨

김 성 계

　지난 초파일 예년처럼 조계사 본사 참배 인파 속에 묻혀 버렸다. 넘쳐나는 행객 속에 끼여 난데없이 불쑥 나타난 백의 도사가 앞을 질러 봉투 한 장을 건넸다. 불문곡직 공손히 받아 행낭 속에 넣고 그날 행사를 마치고 돌아와 그 내용을 열어 본다. 개봉 순간 심금이 경련을 일으킨다. 그 화두는 상락아정 常樂我淨 으로 화면엔 불도의 상징 달마 도사의 진영이 나타나 집에 걸어 놓은 달마상과는 면상이 딴판이 아닌가? 불성 심조에 법생측 종종 법생이요 법멸측 종종 법멸이라는 설교를 새삼 깨치는 순간 인간 자성에 침잠했다. 불도들은 일상 청청자생의 기상을 이루어 감이 신조인데 불성을 일상 길섶에서 설법하여 상락아정의 계율을 자타에 각성케 함이 도리임을 재삼 자책의 본연 속으로 들다.

행진곡만 불러 온 세월 외 1편

김 성 일

나는 투명한
시간 속으로 생을 묻고
고고의 울음소리부터
지나온 모든 소리들이
반짝이는 별처럼
미세한 모래처럼 산산이 흘러왔다
불타 버린 강산에 뚫린
캄캄한 긴 터널 지나며
행진곡만 불러 온 세월
초근목피로 연명하며
공장 문 드나들며
끝없는 생을 꼬아 가던 시간
수많은 바이러스와
뒤엉켜 허우적이며
산 넘고 강 건너와
푸른 하늘에 길 열려도
날개 없어 날 수 없으니
지구의 대문이 닫힐 때까지
2/2박에 발맞추어
깊이 모를 계곡으로 물처럼 흘러간다.

어머니의 밭

앞산 밑 고추밭
억새꽃 눈처럼 피어
주름진 이랑 내려다보며
채머리를 흔들고 있다
열 손가락 키우기 위해
고추처럼 매운 계절을 밟으며
울타리만 세우다가
다시 돌아올 수 없는 길
떠나신 나의 우주여
굽이마다 이정표 세워 놓고
이제 붉은 고추밭에 어머니 손가락들이
기억 속의 잡초들을 뽑고 있다
고추밭 스쳐 온 바람에
묻어 온 어머니의 언어가
내 슬픈 숲 속을 맴돌며
산만한 이파리들을 잠재운다
오늘도 등대처럼 불 밝혀 있는
고추밭이 어머니의 굽은 허리를
기다리다 지친 듯 누워 있다.

벌교 오일장 외 1편

김숙희

어슴푸레
허리 휜 시간이
빗장을 열면

어물전에 붐비는 입담들이
비린내 묻은 사투리로
흥정을 주고받는다

봄이 내려앉은 좌판에는
챙 넓은 망사 모자를 쓴
희끗희끗한 미소

신바람 펼쳐 놓은 옆구리에는
남새밭 향긋한
정 한 움큼

꽃무늬 몸빼 바지
매달린 채 꾸깃꾸깃한
세월 주름살 한 사발

이천 원에 시골 맛을
막 퍼 주는
할머니 백반집의 구수함

서로 교차되어
너른 시장 질펀한 바닥을
파닥파닥한 생기로 채우고 있다.

낙안읍성

모나지도 높지도 않은
초가집들은
소담스레 사립문에 가려 있고

고즈넉한 담장 안엔
골담초꽃 향이 산책 나와
살랑살랑 나비 춤추고 있고

참새들은 오솔길에서
낭만의 향연
콕콕 쪼아대고 있고

연자방아는
추억 하나 덩그러니
구름 위에 띄워 놓고 있고

삐거덕 덜컹대는 문소리는
가슴에 쌓아 올린 울림을
시처럼 읽고 또 읽고 있다.

장미 외 1편

김순녀

몰아치는
찬바람 속에
꼭꼭 싸매었던 아픔

보따리 속의
사연을 풀어
붉은 연서를 씁니다

박동치는 가슴
식혀 주던
봄비 맞으며 물오른 몽우리

피어난 꽃잎 다칠까
철망을 두르고
무장도 하였네

오월의 주인으로
사랑의 언약이 되어
마음과 마음을 이어 주네.

철쭉제

소백산
연화봉에 핑크빛 사연 담은
임의 소식이 전해지거든
그대 단양으로 오시어요

단양팔경 품에 안겨
육쪽마늘의 힘 웅녀도 되고
물과 시간의 만남 천연동굴의 신비와
온달 평강의 사랑에 취해도 보시어요

국망봉에 걸린 구름 포근한 임의 마음
비로봉의 고고한 주목 단양의 마음
소백산을 물들인 철쭉 신의 마음
서른 번째 프러포즈 우리 모두의 마음

사계절이 즐거운 청정 단양에
세레나데 음색 같은 연분홍 향기
당신을 위한 태고의 속삭임은
세세토록 함께 부를 노래입니다.

여름 산 외 1편

김｜연｜하

한여름 뙤약볕 속에서
복잡한 회색 도시를 벗어나
방태산 자연휴양림에 들어서니
물소리가 하모니를 이루네

자연의 흐름 속에
수정처럼 맑은 물이 반짝이고
녹수가 굽이굽이 휘감아 돌면
금방 초록으로 물들이며

꿈꾸듯 마음이 편안해져
산은 영원한 휴식처
푸르른 자연의 이치를 배우며
한세월 시원히 보내듯

폭염 속에 우거진 수목
비비새가 즐겁게 노래 부르고
두런거리며 흐르는 물소리가
세상 번뇌를 씻어 내리네.

백두대간

우람한 백두산 천지에서
지리산까지 뻗어 내린 줄기
기슭마다 삶터를 열었네

신비스러운 기암괴석 이룬
아득한 능선과 계곡들
비경이 계절의 변화 따라
정기를 받으며 사는 삶

태초에 시원의 숲 속
장엄한 산줄기에 길을 열고
수많은 생명들이 오가듯

금수강산 방방곡곡에
천만년 민족의 염원을 싣고
생명이 움터 열매 맺으며
민족의 삶터에 꽃피우네.

어느 노인 외 1편

김 | 영 | 옥

등이 굽은 노인 유모차 밀며 간다
아니 유모차가 할머니 끌고 간다
신문지 박스 파지를 싣고서
발보다 훨씬 큰 신발에 발 담고
손잡이 움켜쥐고 천천히 끌려간다

한창 물오르고 곱던 시절
옹알이하는 아기 품에 안고
젖 먹이며 눈 맞추던 행복한 시간
사랑하는 첫사랑, 꽃반지 끼워 주며
뜨겁게 포옹하던 젊은 날들

노인은 모두 잃어버렸다
동그랗게 굽은 등 위에
빛바랜 과거만을 싣고
하루를 살기 위해 쓰레기통 뒤지며
사라진 날 찾고 있는 걸까

그림자 밟으며
어두움 향해
서서히 사라져 가는
늙은 낙타 한 마리.

비 오는 날이면

장대비 내리면
유대인 아우슈비츠 수용소가
왜 생각나는 걸까
유령 같은 기차 옆에 서서
죽음 기다리던 두려운 눈망울이

사랑하는 사람 이름 부르며
숨지던 가스실 벽 손톱자국
울부짖는 기도 소리
외면하던 철조망 고압 전류

산처럼 쌓인
여인들의 엉킨 머리카락
짝 잃은 슬픈 신발
고통의 눈물로 깨진 안경

수용소 앞 잔디밭
무심히 핀 예쁜 꽃들
포플러의 가지런한 행렬
평화롭게 흔들리는 모순

나치의 비밀 싣고
핏빛으로 내리는 비
통곡의 빗소리.

인생길 외 1편

김|영|욱|

입을 크게 열고
울어 대는 것은
험난한 삶을
예견이라도 하는 것일까

텅 빈 가죽 부대에
알갱이가 채워지기에는
무거운 짐 짊어지고
피와 땀이 어울린

서러운 노래가 폭포처럼
부서지며 떨어지고
옆을 바라볼 겨를 없이
앞서기에 발 빠른

탐심이 소란만 피우다가
빈손 들고 가야 할
몹쓸 추억들을 품에 안고
쓰디쓴 웃음 흘리며

성공이라는 꿈이 부끄럽게
산산조각 난 채로
그분 앞에 홀로 서야 할.

내 마음의 묵정밭

하루만 들여다보지 않으면
내 마음은 묵정밭이 된다
아침저녁으로 호미질하고
밟으면 밟을수록 더 강해지는
잡초의 강한 의지를 이기지 못한다

뿌린 사람이 없는데 누가 심었기에
이리도 심지가 굳은지 알 수 없는 일이다
높은 곳에 오를수록 잘 자라고
돈이 많을수록 더 무성해지니
이 일을 어이할꼬

마음이 가난할수록 뽑혀 나가고
덕을 세울수록 시들어지나
잠자는 틈을 타고 또 살아나니
나의 한계상황을 넘을 수 없어
불을 내려 태워 달라고 기도한다.

목련꽃 사랑 외 1편

김│영│화│

긴 겨울의 고뇌를 머금은 채
정겹게 정겹게
점 하나 없이 맑은 그대 하얀 봉오리
검은 가슴을 보일 수 없네

너 천사같이 피어오른
하얀 봉오리
그렇게 사랑하던 그 임의 살결같이
살포시 다가서고 싶구나

너는 찬란한 봄의 화신
청조함 한 몸에 지닌 채
터질 듯 터질 듯한 그 자태
이내 가슴 설레며
뜀방이질 하는구나

그대는 한 송이 목련화
내 사랑하던 그 임은
저 하얀 목련꽃과 같이
곱고도 아름다웠지.

밤에 출근하는 달님

거실 바닥에 누워 있는 달님
하늘에도 걸려 있는 달님
어쩌면 저리도 온유한가

달님은 나를 보고 소곤거리고
계수나무가 보이지 않는
달님의 수줍음에
나도 따라 얼굴을 붉힌다

달님아 우리 임 보시거든
날래날래 오라고 귓속말
전해 다오.

푸성귀를 퍼내는 밭에서 외 1편

김 | 옥 | 녀

밀림처럼 울창한 옥수수를 심어
울타리 친 나의 밭에서
푸성귀끼리 작당을 한다
배추벌레처럼 내 살을 뜯어먹고 사는 시가
싱싱한 경제를 망가뜨리고 있어
팔려 가지도 못하는 푸성귀
남들처럼 한번 살아 보자고 작당을 한다
변화무쌍한 굽잇길 버티면서
몸이 가벼워지고 있는 옥수수
서글픈 바람 소리 듣는다
덤으로 사는 잡풀들
기회만 보이면 빈터를 흐려도
심은 대로 거두는 나의 밭
못 쓰게 되면 갈아엎어
새로 씨를 드리자고 작당을 한다.

묘약

섭리가 계셨던가 보다
먹는 일이 초콜릿 맛에 길들여져
순간순간 생각나는 맛
먹어 본 사람은 안다
입에 넣고 혀를 돌리고
다시 빨아대는 달디단 그 맛
장대 끝에 매달려
발끝을 세워 지탱해 가는 생명이라면
기도이고 또 소리 없는 아우성인 것을
살아 보겠다고 추스르는 안간힘도
내가 즐기는 초콜릿에서 나온다
내 사랑은 모두 그 속에서 노닥인다고.

봄날 소곡小曲 외 1편

김|옥|재|

　봄은 해마다 기다리지 않아도 때가 되면 서방정토 극락세계 펼치러 왔다며 삼천리 금수강산 어느 한 군데 빼놓지 않고 봄을 일으켜 세우기에 바쁘다.
　올해도 남도 땅 봄의 입구 광양 섬진마을도 예외 없이 들러 매화꽃을 피웠다는 꽃 소식에 입성도 곱게 하고 마중 나가 두 팔 벌려 껴안아 보는데 천하가 활짝 웃고 있기로 나도 웃고 미물들은 각기 다른 목청으로 호시절을 노래하더라.
　돌아오는 길 쌍계사에 찾아드니 한 천년 곱게 잘 늙은 절집 아쉬운 것 없는 영혼의 맑은 공간 영각 앞 늙은 매화나무 절정으로 넘어서고 보슬보슬 내리는 봄비에 푸름 더해 가는데 극락전 옆 돌확에 새긴 작은 거북 봄의 소곡小曲에 취했는지? 무심하다.
　도량에서 비를 피해볼 양으로 절집 후원을 돌아가니 처마 밑 빨랫줄에 우바새優婆塞* 보살들 회색 옷 몇 벌 허공에 고즈넉이 펄럭인다 새들은 저장해 둘 노래 곳간 없는지? 하늘 헛간에 청아한 노래를 쌓는다.

※우바새: 남자 보살

무등산 기품

　무등산의 생성은 태초부터 각角을 세우지 않고 꽂게 잔등 같은 안온한 마음의 원형을 지닌 채 우주와 동화해 잘 늙고 있더라.
　난마亂麻처럼 뒤얽힌 세상에서 상한 마음을 달래려 무등산의 품에 들면 각기 처한 형편이야 어찌됐든 따지지 않고 아픈 잣대를 들이댐 없이 혼연히 그물에 걸리지 않는 바람처럼 자유를 즐기라 하시며 마음을 만져 주시는 큰 어른 같은 마음 그 넓이와 깊이를 사람의 힘 산술算術로 헤아릴 수 없는 넉넉한 품이어라.
　무등산은 언제든 찾아가면 명줄인 미세한 혈관 속으로 푸른 하심下心을 거푸거푸 넣기로 그 품 안에서 하루 종일 음복하다 눈 쌓인 무등산 목덜미를 돌아 병마로 시달린 육신 세발로 의지해 싸목싸목* 내려오며 여름 숲길로 다시 찾아올 수 있을지 근심이 수다스럽다.

※싸목싸목: 천천히(전라도 사투리)

불 외 1편

김 옥 향

나의 고향은
태양의 바다
유년 시절이
해안선을 넘나들며
파도의 흔적을 새겼다

나는
지금
지구에 와 있다
활화산
나의 심장이다

사막의 모래 바람 찾아와
나를 뿌리째 흔들지만
나는
곧
심지를 가다듬는다

타오르다
허공에서 없어질지라도
최후까지
내 한 몸 사를 것이다

날개 하얀 새가 되어
푸른 하늘을 나는 날
나의 꿈
나의 전설.

물이
―두타연에서

푸른 골짜기 굽이돌아 흐르는 시냇물로 태어났다
최고 경지까지 오르는 분수의 한 방울이 되고 싶었다
그러나
최후까지 부서지는 폭포가 되었다
나의 평생은 이랑이 되어 태극무늬를 그렸다
용이 되어 길 찾는 나그네
무지개 한 번 더 만드는 것이 꿈이다
노을이 질 때
황금종 울리는 노래처럼.

양귀비여 외 1편

김 옥 현

빈 마음으로 꽃밭을 걷다가
못 보던 꽃 하나를 만난다
가녀린 대궁 끝 빠알간 미소
너무도 눈에 들어
손으로 받쳐 잡고 우러른다

저무는 나의 세월처럼
씨방은 흰 피를 흘리고
손가락으로 가만히 맛을 본다
그것이 덫인 줄도 모르고

뒤따른 황홀감에
안 돼 안 돼 하면서도
하루 이틀 횟수 잦아져
날로 달로 빠져든다
벗어나려 발버둥 치면 칠수록
더 깊은 포로가 된다

자태에 유혹당하고
중독에 눈멀었지만
나, 당 현종처럼 널 버리지도 못한다
차라리 품고 죽을지라도.

가을 산에 들어

밤을 밤을
새하얗게 보내다
오늘에사 안깁니다

너의 불꽃으로 내가 타고
나의 열기로 너를 데우며
그렇게 함께 세월을 가고 있습니다

홍엽紅葉 내린 계곡에
깊숙이 들어
오늘 이 뜨거움에 그냥
혼절하고 말겠습니다.

대성리 아침 외 1편

김｜용｜수

잠이 깬 이른 아침, 소리 없이 내리던 비 언제쯤 그쳤을까?
서울 가는 경춘선 보통 열차는 기적 소리도 울리지 않는 채,
밤새 젖은 어둠을 털어 내며 수정 같은 아침 냄새를 실어 나른다
창문 앞 홀로 수줍은 동백꽃나무는 밤비에 잃어버린 어릴 적 바닷가 향기를 채우려
가슴 깊이 간직한 온기를 붉은 대궁 밖으로 조금씩 밀어내고
강 건너 화야산 봉우리는 구름 위에 올라
나래 치는 학처럼 양팔을 벌려 이제 막 일어나 기지개 켜는
햇살 조각을 모아 짙푸른 기운을 심는다
싱그러운 대성리 아침이 활기찬 하루의 일상을 예고한다.

낮잠

햇살 좋은
어느 날 오후

시 한 편 쓰다가
깜박 잠이 들다

사랑하던 둘은
몰래 빠져나갔고

사랑시 한 편도
덩달아
날아갔다.

봄의 탄생 외 1편

김 이 정

공기가 휘몰아쳐 코와 입을 훅 빨아들이는 골목에서. 강물에 잠긴 차고 단단한 교각은 나의 버티며 쏘아보는 표정을 서럽게 하고, 다음 순간 웃어 나는 너의 부드러운 표정을 도왔지. 사실로 인해 오늘 아주 외롭더라도, 오래 기다린 당신은 생각보다 서둘러 호명될지도 몰라. 오래전에 도착한 손님들의 이름을 부른다면 나는 강물로 이루어진 의자에 앉아 대답해. 주어진 문제는 다행히 햇빛에서 가까스로 증발할 수 있어. 탁자 밑에 손을 벌리고 부정확한 문장이 부수어 가는 것들을 성글게 오해하네. 엇박자가 생긴 우리는 조금씩 서툴게 서로를 바라보았어. 빛은 진료실에 들어와 막 꽃봉오리가 터지기 직전인 조그만 그늘을 옮기고 구석구석 부드럽게 물을 뿌리고 달아나. 나는 달려가며 공기 한 줌을 쥐고 점점 빨라질수록 더욱 느려지는 노래. 사진 속에서 단숨에 흐려지는 몸짓과 표정은 너와 점점 같은 사람이야. 각자를 멀리 지켜 빛나는 몇 개의 뼈가 이뤄 낸 시선으로 위력적인 공기의 우울을 오래 잊을 수도 있지. 그러면 함께 움직이는 외로움은 모서리에서 멜로디로 뻗어 나가 우주의 꽃술 속으로, 다시 세포 속으로 어지럽게 피어올라 나를 깨웠어.

두 쌍의 손에 머리와 가슴은 철교처럼 휘어 마주 보고 있는 밤. 한 발 더 멀어질 때에 너와 나의 봄을 이루는 압력이 무너져 내리고 혈액 속의 빗소리도 들을 수 없는 부분은 어디까질까. 어떤 착시에서 우리는 사라질까. 유영하는 지구의 꼬리가 우리를 공중에 휘어감은 채 후드득후드득 술과 춤과 음악이 독립해 나가는 픽셀에서, 빗방울을 하염없이 떨어뜨리는 대지에서, 우리는 분리된 중간의 온도를 울퉁불퉁 유지하고 있었지. 오늘의 무지개가 생기고, 건너기 시작하는 손. 조금씩 모래를 잃으면서 두 발을 비볐어. 다음의 진실에 간절해졌지만, 강물이 일으키는 소용돌이를 뿌리치는 너의 잠을, 어두운 심장을 보호하는 대기를 믿고 있었네. 한 사람처럼 자유로운 손바닥과 따뜻해지는 표정. 긴 빛에서 떨어져 나가는 집이 홀린 듯이 날았어.

선인장

　출구에 비를 피하는 사람들이 있었어요.
　오랜 시간 동안 구름을 뚫었던, 이제 움직이지 않는 화분 하나가 오늘 저녁 한 사람이 되지요. 아주 잠깐이면 바람을 향해 소리 없이 일어나는 손가락을 지닌 사람이었어요. 지휘봉을 툭…. 떨어뜨리는 꽃들이, 더 많은 뼈들이 돌아왔죠. 진분홍 글라디올러스를 빳빳하게 세운 오늘의 빛이 강철처럼 휘어지는 힘 같은, 거의 보이지 않는 마음에 눌려 열띤 방 안에서 회의를 해요. 멀미가 나는 발바닥으로 깊이 일어선 웅덩이를 텅 빈 운동장 위로 옮기고 있어요. 한 사람을 만지는 사람들이 나를 불러 세웠지요. 몸과 마음을 똑바로 차리고 돌아서서 젖은 발 만지던, 나의 한 사람은 우리 동네에 여전히 살고 있어요.
　태양의 뜨거운 짐을 도로에 다 끌어내렸을 때. 혓바닥에 소용돌이를 부드럽게 쥐는 사람도, 눈썹 끝 파도에 다다라 평정을 잃는 사람도, 한 사람이 붙잡는 절망처럼 수저처럼 빗방울처럼 신기루 마을에 있어요. 그렇지만 뒷문으로 통하는 팔에서 굴러 나와 지하로 재빠르게 사라지는 봄의 과일 같은 한 마을. 목이 쉬도록 고함을 지르는 사람들이 빠져나간 집 속에는 물방울들이 뻘뻘 쏟아졌어요. 건너편 빌딩 창문까지 몸을 내밀고 혀로 하늘을 핥아먹고 있는 나의 조그만 창문. 어두운 벽면을 따라 달콤하게 익었던 한 마을이 손바닥에서 굴러 나가는 날. 화분을 넘어서 불안은 길어져 감정을 내려놓고. 보내는 이와 받는 이가 둘 다인 곳에서 당신은 대문을 잡아당겨요. 검은 집중력의 과녁과 화분이 열릴 때.

그렇게 살자 외 1편
―한겨울의 다짐

김 │ 종 │ 기

백색 지대 어딘가에
빨주노초파남보가 숨어 있다
겨울 무지개는
지상서도 천상서도 찾을 수 없지만
봄비 따라오려고 물기를 머금고 있다

혼절할 듯한 동토凍土에서
거무스레한 노래를 부르며
흘리는 눈물은 서럽도록 요요하다
외로운 침묵으로 일관하고
가난해도 궁핍하지 않기 위해
간편하며 담담하자 그래 그러자

지우고 비우고 털어 버리고
나누고 놓아주고 함께하며
홀가분하도록 애쓰며 에돌아 살자
북쪽 바람 찬 눈발 속에서
백색의 조촐한 여백餘白에서
내가 있는 듯 없는 듯 그렇게 살자.

늙은 느티

햇볕은 하늘에서 느티에게로 쏟아진다
바람은 숲에서 느티를 향하여 달려온다
구름은 빗물로서 느티의 뿌리로 스며든다
느티는 가지와 이파리를 빛나게 솟구치고
평화로이 자유로이 마을 어귀를 삼가 지킨다

한 사오백 년 세월의 고개를 넘으면서부터
찢기고 부러지고 썩어 가는 제 한 몸뚱이를
우람하게 지켜 다스리며 한 오백 년을 더 살아
수령樹齡 천 년쯤일 때야 천명天命을 논할까
미지는 천운天運이고 늙은 느티는 산 역사다

하여, 순명順命으로 천 년이 넘도록 살다 나면
나무령[木靈]이 될 게다 제례祭禮를 올리며
국궁배례鞠躬拜禮하는 자에게 아들딸 점지하는
영험까지 내릴 수 있으려나 몰라, 통째로 술렁대며
천지신명과 영교靈交하여 접신接神하려나 몰라

우레의 빛과 소리로 찢겨 나갈지도 모를 느티야
진양조조調에서 휘몰이로 몰아칠 듯 울어댈 느티야
언젠가 늙어 무너질 때에, 분명 득음得音할 느티야
땅의 정기를 쓸어 담고 귀천歸天하라 아니 승천하라
내생엔 꼭 인명人命으로 태어나 큰 소리꾼이 되거라.

바랑 외 1편

김 | 종 | 원 |

수도修道의 길에
걸머진 바랑
그 무게는?

우주일까?
새털일까?

울안의 성모聖母님

아기 예수
품에 안고
다소곳이 서 계시는
성모님!

자유 잃은
수인들이
살아가는 이 마을에
등대처럼 서 계시는
성모님!

길 잃고
방황하는
수인들에게
삶의 길 밝히시는
울안의 성모님!

참회하는 이들을
불쌍히 여기시고
복된 앞날을
빌어 주소서!

지식공작소 외 1편

김 | 주 | 옥

나도 한때는 너만 생각했더랬어
마냥 네가 아름다웠지
뇌파 속에 네 이름의 자막이 올라갈 적마다
화면 속의 넌 비비에스
공용터미널의 자판기 같은

넌 지금도 그러하지
팔팔한 청춘의 물 끓는 주전자
정신을 새롭게 하는 멋이 무르익어 가고
난 사랑의 브라보를 외쳐
나를 초등생으로 돌아가게 해
그토록 해맑게 해

나의 교과서 너의 청바지 프리즘
총천연색의 번거로움
닥쳐! 이 거부할 수 없는 유혹
설레는 것만이 진실

도도한 자유를 탐구하는 숨결의 항해
꺼지지 않는 빛의 발광
썩지 않은 불멸의 거름으로
땅속에서 우뚝 걸어 나온 꿈나무

난 항상 푸른 네 옷을 입고 춤을 출 거야
싱싱하게 내 맘대로 불쑥
모던한 감성의 손을 잡고
스크린 속의 널 흠모할 거야.

나이, 어디서 오는가

부르지도 않았는데 오시었네
반갑지도 않은데 내게 왔네
머리에서 발끝까지 나를 안았네
온통 감싸 안고 놓아주지 않네

눈에는 비문증 휘황찬란
검은 점들 하루살이 날아다니네
각막은 얇아져 레이저 치료
보이지 않네 잠시 보이지 않네

이곳저곳에서 나이 오시는 소리
들리네 또 들리네 저 소리
아련하고 애절하게 신호를 하네
깊어지는 세상이 보이네

내 인생에 벌써 몇 번째인가
몸 구석구석에 느껴지는 두려움
그래도 좋네 이 느슨해지는 마음
불편의 나이도 길어지면 평화라네
눈 감고 즐기네 오시는 나이.

나는 사라진다 외 1편

김│준│경

나는 사라진다
죽으면 zero(o)로 되돌아간다
남기는 것은 '죽어서 없다' 이다

나는 더 오래 살고 싶다
내 나이 50세,
60은 채우고 가고 싶다

죽는다는 것이 두렵다
내 전체―심신이 모두 사라진다
내 애인도, 부모도,
내 남매도 사라진다
나도 사라진다

남는 것은 내 2세世,
신령스런 심신,
아직 없어지지 않고
이승을 떠도는 그것!

효진이, 대현이, 어서
집으로 오너라.

벙어리와 스케이트

어릴 적, 초등학교 시절
마을 스케이트장에서
선친과 함께
두 여동생을 데리고
한참 재미있게 스케이트를
타고 있었다

그때, 스케이트 날에 끼인 눈을
헝겊으로 닦아 주던 착한 아이,
측은하고 불쌍한 아이,
그런 아이가 어디엔가
또 있겠지

이제 그 어린이의 착한 마음씨에
축도를 드리고 싶다
주님의 사랑으로
말을 할 수 있게 하소서

전지전능하신 하나님이시여!

창촌 정자나무 외 1편

김│창│현

고산마을 창촌에
느티나무 한 그루
옛 진원고을의 영화를 그리며
우뚝 서 있습니다

백여 대촌을 한눈에 굽어보며
수호신으로 오백 년 동안이나
우뚝 서 있습니다

나이만큼이나 큰 몸집 큰 그늘 만들어
이 고장 농사꾼과 오가는 길손들을
한 몸에 품어 안은
좋은 쉼터입니다

긴긴 세월만큼이나
뿌리는 용틀임하고
몸은 울퉁불퉁 남봉이 나서 흉스럽습니다

구멍 송송 뚫린 가지마다
새들 둥지 틀고
밤마다 임을 찾는
소쩍새의 구슬픈 소리
삼복더위 매미들의 합창도 요란합니다

여기는 곤충들의 낙원
동물들의 좋은 쉼터입니다.

추억의 낚시

삼부자 나란히 앉아 낚싯대 드리우니
추억에 목이 메어 눈가를 적신다

내 젊은 시절 애들 어린 시절
산 같은 추억 저 물속에 묻어 두고
그리도 좋아하던 낚시 손 뗀 지 삼십 년
고희에 물가에 앉으니 감회 새로워!

고등학교 가면서 내 품 떠난 자식들
내일이 한가위라 객지에서 찾아와
함께 가자 권하여 함께한 자리
매일 찾아오는 내 논 귀퉁인데도
왜 이리 아름답고 기분 좋은고!

무상한 세월이여 빠르기도 하여라
자식들 머리에도 희끗희끗 새치 나고
나보다 훌쩍 커 버린 손자 놈이
찰칵찰칵 추억을 담노라 부산스럽네
어느 눈먼 고기가 내게 잡히랴
묻어 둔 추억을 낚았으니 이 아니 좋은가.

아버지를 그리며 외 1편

김｜태｜수

탑정호* 방천머리 낚시꾼 다시 찾고
잠자듯 누워 있던 자나석불* 서 있는데
고향 땅 서당 훈장님 소식 있나 가 보자

동리가 시동市洞 돼도 번지는 변함없고
그 크던 미륵불*은 작아 뵈도 그대론데
꿈에 뵌 아버님 소식 전대미문이라네

※탑정호: 충남 논산에 있음
※자나석불: 관촉리灌燭里에 누워 있던 비
※미륵불: 은진미륵恩津彌勒

J. Y에게

햇은행 익어 갈 때
지도를 검지로 꼬―옥 눌렀지
하많은 사람 중에
J. Y가 첫 번째로 불렸다

얼쯤얼렁했던 것이
이 또한 별일일세
조부모로 삼사촌
모두가 지인이네

사느라운 바람 따라
황기黃氣 품은 은행잎
노랑나비 춤추듯 날아 내리니
인도人道 덮기 전
친구에게 전해야겠다

소식 달라고

오늘도 가슴으로 편지를 쓴다.

※印度 J. Y Park(face book에서)

무상 외 1편

김태자

하고 많던 금계국
천변에 드문드문

난데없이 무성한
잎새 거친 잡풀들

밀리어 어느 날 그만
자리를 내준 걸까

넉넉한 품 동네 골목
언제부터 후미져

오랜만에 찾아드니
고양이 다니는 길

그 자리 같은 시각이
시간에 녹슨 걸까

수년 만에 만난 사람
웃음은 그대론데

얼굴에 깊게 파인
기억 너머 낯선 모습

변한 것 없는 마음에
세월만 뛰었을까.

있는 그대로

오늘도 기다림은
한없이 이어지고

마냥 알 수 없는
그 속을 헤아리며

와 닿아 있는 그대로
하지만 궁금증 이네

실마리 있으련만
물속 깊이 가라앉아

자꾸만 뒷걸음질
타인처럼 서 있어

슬퍼도 있는 그대로
한데도 서성이네

모든 걸 내려놓고
떠나면 그뿐인 걸

쉽지만은 아니한
적당한 거리란 말

덤덤히 있는 그대로
그런데 속이 타네.

꿈으로 찾아오는 시 외 1편

김 | 풍 | 배 |

가끔, 아니 아주 잊혀지지 않을 만큼
꿈에 시詩가 찾아온다
이 세상 어느 누가 쓰지 않은

깨어서 아무리 애써도
생각해낼 수가 없다
설핏도 생각나지 않는다

꽃을 봐도 산을 봐도 물을 보아도
그림자조차 보이지 않고
꼭꼭 숨었다

시신詩神이여
몇날 며칠 헤매어도
뒤통수조차 보이지 않는데
어찌하여 꿈에만 얼보이다 가는가

언제쯤이면
꿈에 찾아온 시를
만나볼 수 있을까.

순명 順命

시간이 죽어 있는 걸 보았는가?
고요가 무서워 본 적 있는가?

기억의 뇌세포는 비듬처럼 떨어지고
고장 난 동공의 렌즈는 언제나
허공을 향해 멈춰 섰다

뜨거웠던 삶의 욕망들
미움, 증오, 시기, 질투 심지어 사랑까지도
이제는 노년의 바다로 흘러 들어와
망각의 파도가 되어
세상의 인연들을 툭툭 끊어 놓는다

노을 진 황혼의 바닷가에
시간이 시체처럼 늘어지고
고요가 일상처럼 잦아들면
어느 때
어느 시간이고 부르면 달려갈
천명天命을 기다리며 산다.

그렇게 봄은 온다 외 1편

김 훈 동

봄은 축제다
눈 더미 머리에 인 채
복수초
개회사 없이
눈 속 비집고,
새치름히 웃으며 맨 먼저
말씀 건넨다
대지의 심박동 소리 들린다

산수유, 생강나무, 매화, 목련
말씀 하나 놓치지 않고 전하러
"늦지 않게 빨리 가야 한다" 며
앞다퉈 속삭이며
달려 나와 얼굴 내민다
뒤질세라 활기 가득하다

담가에 서 있던
백매화, 청매화, 홍매화
서둘러 형형색색으로
파르르 입 연다
만개滿開의 풍성함 더한다
봄은 축제다.

난분蘭盆, 서재에서 잔다

잎새에 머무는 세월
행복에 젖어
영원을 호흡한다
아, 이토록 여유로울 줄이야

연민의 시선으로
담아 보고 싶은
몸과 혼 울리는 떨림
한 겹 유한有限을 연다
입술을 연다

누군가 가슴에
다독이며 말해 준다
"유유자적 여유로워야 한다"고
말의 촉수가 되어
사르르 속삭인다

잎새에 휘감은 세월
사랑에 묶여
오늘을 노래한다
아, 이토록 자유로울 줄이야.

겨울 자화상 외 1편

남|용|술

기억자도 모르고 사신 할머니 책장
길을 내고 익힌 세상 꽃 피고 지는 소리
넘길 때마다 초롱초롱한 눈망울
구수한 입심 따라 숨길 어루만지며
씹고 삼키던 삼동의 그 한밤을 검잡고
재촉하던 설화로 새우던 날밤들
심지에 불 올려놓고 등잔 속 다 비운
거기, 시시비비 가리다 죽고 산 사람들
얼마나 안타까운 비분을 마음에 새긴
은밀한 생각 데운 사연 어찌 잊을까
이윽고 여기쯤서 잊히지 않는 희비
소한 지난 그 겨울 몹시도 시리던 날
갈 곳 없이 무겁게 젖어 망설이던
속살 허기진 낯설은 길목 방황 시절
한 번도 등허리 시원하게 펴 보지 못하고
오륙도 바라보는 동백섬 차던 파도 소리
굽이굽이 너울같이 함께 저물던 하루
구차하게 지나온 발자국 어지럽던 생각
절절 삼킨 길 위의 세월 그 비의秘意
앙가슴 깊이 도사린 자국 언제 지울까.

암전 暗箭

시위 떠난 살의 숨결 드러내지 못한
생각 속 안타깝게 사라지고 보면
가슴 타고 어디선가 들려오는 메아리
지향 없이 지난날로 가고 없는
다정스런 얼굴들이 아슴푸레 꿈결같이
손 내밀면 잡힐 것 같은 살 냄새
수군대던 길목마다 젖어 있는 흔적들
그런 날로 새겨진 무늬를 만지면
드난살이 멈춘 투명한 그림자로
군데군데 과녁을 스치고 간 시간 잡고
어둠 속 몸부림치는 발자국 소리
눈 감으면 길 따라 어디로 가고 있는
귀 열면 그 속내 어디로 가고 없는
그리움 간절한 염원 빗나간 세월들
길은, 침묵을 머금고 있었다.

뻐꾹새 운다 외 1편

노선관

들길에 찔레꽃 흐드러지는
망종芒種 무렵
가난에 찌들은 하루해는 길기만 했다

누렇게 익어 가는
보리밭 두렁길을 따라서
뻐꾹새가 울었다

보릿고개 헤어 넘는
내 어머니의 하소연같이
아프게 울었다

들밥을 이고 나가는
어머니의 등 뒤에 대고
허기진 뻐꾹새는 연달아 울어 댔다

잊고 싶은 기억을 굳이 헤집어 덧내려는 심술이듯
지금 자동차가 내달리는 들길에 뻐꾸기 소리 들린다

뻐꾹새
운다.

열대야熱帶夜 기상도

유난스레 더운 2012년의 여름
날마다 찜통더위가 기승을 부린다
게다가 너절한 정치판 사람들의
품격 없는 꼬락서니들을 보고 있노라니
더위에 얹힌 짜증이 한껏 부글거린다

찜통 틀에 갇혀 있는 듯한 동네
내가 사는 동네에서는
심통 사납게 밤에도 매미가 운다
밤을 통째로 끌어안고
악쓰듯 우는 통에 잠을 잘 수가 없다

이 지독한 폭염暴炎은 언제쯤 물러갈 것이며
밤 더위는 또 얼마를 더 견뎌 내야
편한 잠을 자게 할 것인지
요즘의 기상도氣象圖는 판독할 수가 없다
이 동네 정치판 그림같이
화통 터지게 헝클어진 그림 조각일 뿐이다.

종탑에 떨어지는 독경 소리 외 1편

노 준 현

아수라※로 떨어지는 삭풍이 나뭇가지를 흔들어 댄다

그림자처럼 흔들리는 나뭇가지 끝에
깃털 빠진 새 몇 마리
텅 빈 허공에
까치발로 곡예하듯 떠 있다

가지 끝에서 바라보는 하늘
그 하늘 한복판 먹구름 가득 차 흐르고
삼복의 냉장고에서 설익은 사과 익어 가듯
짓눌린 얼굴들
어머니 얼굴처럼
휘어진 세월을 더듬고 있다

이승을 휘돌아
종탑에 떨어지는 저 독경 소리
고해성사하는 한 보살의 깊은 울음소리로 번진다.

※아수라阿修羅: 불교에서 이르는 싸움을 일삼는 나쁜 귀신. 팔부중의 하나

어머니의 바다

바다도 가끔은 울고 싶은 날 있겠지
잠자다 일어나서 통곡하는 저 바다
파도여 눈물이여
얼마나 더 울어야 하나
나는 울고 너는 삼킨다

얼굴 묻고 달려오는 맹수 같은 파도여
속옷자락 감고 돌아
피돌기나 할까 몰라
뱃사공 네 속을 몰라
발만 동동 구른다

구부러진 허리자락 휘어잡은 옷깃을
슬몃 놓고 토해 내는 아픔이여
오늘도
속울음 토해 내는 파도에
파랗게 멍들어 가는 바다여.

우주에서 보면 외 1편

류 영 애

세계에서 제일 높다는
CN 타워 전망대(446m)에서
내려다보이는 풍경을 보면서
크고 작은 차며 간간이
걸어가는 사람이 장난감 같아
나는 언뜻
아! 우주에서 보면
한낱 먼지로 보일 우리들 인생
무엇 때문에 시기하고 미워하며
살아야 하나
공중을 날으다가 땅에 떨어진들
바다에 빠진들 어찌 알겠냐고
생각하니 내가 참으로 보잘것없다
명예가 무엇이며 지위가 무엇이며
빈부가 무엇이란 말인가
그래도 지구에서는
만물의 영장이라고···.
나는 많이 부끄럽다.

남편

잔잔한 호수 같고
외로운 섬 같고
지친 나그네 같고

때로 태풍 같고
성난 파도 같은 남자

세월이 흐를수록

잠든 사자처럼
아슬아슬한 사람

40여 년 교문 드나들며
노점에서 사 신은
망사 구두 한 켤레로

강산이 변하도록
신고 다녀도

창피한 줄 모르고
고맙기만 한

물정 모르는 답답한 남자.

우체통 앞에서 외 1편

림은서

기다립니다
꿈속에서라도 그대가 전해 줄
소식이 있기에 나는 거푸집처럼
속이 텅 빈 당신의
마음을 기다립니다
살다 보면 잊혀진 눈물도
갑자기 쏟아지는 법
오늘 밤이라도 내 가슴에 눈물이 모여들면
그대 손에 새로운
눈물을 뿌리오리다
차를 타고 이곳까지 오면서
눈에 불을 켜고
백두대간을 단숨에 달리며
향기롭고 싱싱한 소식을
마음대로 골라 읽던
너의 순수 식욕을 본다
눈을 감고도 본다
21세기의 말쯤 문명의 굴레를 씌운
거세된 우리의 원초적 자유를 본다
나는 지금 이 방 안에 앉아서
소리 없이 울부짖는
그때 나의 아픔을 듣는다.

밀레니엄 비둘기

궁둥짝 큰 하늘이 용두산을 덮고
그 사이를 비상하며 몇 마리는 나뭇가지에
우르르 앉는다 비둘기 그 체중에 짓눌려
막 휘어져 내리는 잔가지 두어 낱
부러지거나 찢어져 내릴 생각이
낭떠러지로 낭떠러지로 깎아질러 남아 있다

비명도 없이
깊고 깊은 허공
귀양 사는 듯 인간이 던져 주는
팝콘이나 과자 부스러기를 먹다가
자유를 물고 날아다니며
그리운 마을을 찾아 헤매이다
나무 한 그루 없는
방에 갇혔다
숨 막힐 듯한 사각의 방에서
닥치는 대로 쪼았다
이제는 먹을 것 없는 방에서
전화기 코드를 뽑아내고
잘 정돈된 문서들을 헤집어
가슴에 차오르는 증오 푸는 방법을 익힌다
지금 비둘기는
캐비닛 위에 올라앉아

날카로운 부리로
차가운 철판을 후벼 파며
잃어버린 땅을 그리워합니다.

종소리 외 1편

맹 숙 영

자각의 날 선 끝이 폐부를 찌른다
황막한 어둠의 청동 못에서
응집凝集된 자존의 상실감은 용해되어
석류수로 흘러내려 물이 되어 흐를까
흐르다 맑디맑은 청정의 계곡에 이르러
서른세 번 재계齋戒하면
옷깃의 먼지는 바람 되어 날아갈까
푸르디푸른 함성으로
산 숲 바람벽에서 숨을 고르고
욕심이 웅크리고 있는 거리를 건너뛴다
어디로 갈까 머물 곳 찾지 못하고
늦가을 맑은 햇빛 아래 맴도는 고추잠자리
한쪽 날개 끝 어디에 상처 입고
실핏줄 터진 모세혈관
은사실로 짜여진 곱디고운 날개
지문처럼 남아 있는 상흔은
외치는 소리 빈 껍질 허물로만 남겨 놓고
어디 모를 곳으로 바람으로 날아갔나
다시는 되돌아올 리 없는 흐름이라도
명경지수로 흐르고 또 흐르리.

손금에서 길을 찾다

무심히 펼쳐 본 손바닥
무수한 길이
노란 별 눈을 달고 달린다
끝 간 데 모를 제 길을 잘도 달린다
생명의 길로 달리는 직진선에서
잠시 쉬어 갈까 쉼표 하나 찍는다
U턴으로 돌아오는 회향 길에서
사유의 바다에 빠져
유년의 찰나적 멈춤을
곡선의 탐미적 시각이 환상을 꿈꾼다
어느 행성으로의 진입로를 찾고 있나
창 너머 유리창 밖을 내려다본다
구름의 망막 그늘에 드리운 검은 도로
빨갛게 충혈된 눈을 흘기며
거북이 등처럼 굽은 등을 한 차들이
꼬리를 물고 시간을 곰삭이고 서 있다
바늘귀 더듬으며 찾아가는 길이다
저마다 가야 할 진입로를 찾아
믿음의 더듬이를 들이대고 있다.

글쓰기 외 1편

박 | 건 | 웅

배달되어 오는 우편물 중
시집이든 책이든 받으면
저자가 아는 이든 모르는 이든
반갑고 고맙다

이 땅의 사람들은
컴퓨터 티브이 운동 경기에 심취되어
책은 쳐다보지도 않는데
글쓰는 이들이 있다는 걸 생각하니
글쓰는 일이
외롭지만은 않다

글을 쓰면서 종종
돈도 되지 않고
읽히지 않을 글을 왜 써야 하나
필을 놓고 싶은 적이
한두 번 아니지만
언젠가는 다시
책을 찾을 날이 오겠지
엷은 기대 속에 오늘도
펜을 든다.

넓은 잎 옥잠화

달나라까지 닿아
선녀 마음 설레게 했다는
선비의 피리 소리

고요한 달빛은 그날을 그리듯
실비처럼 내려 주위를
환하게 밝히는데
사뿐사뿐 선녀의 발걸음
연보라색 꽃에
머물듯 싶어라

여름밤
넓은 잎 삼옥잠은 수십 개
비녀를 진열하고
선녀를 기다리는데
피리를 불던 선비는 어디 갔을까

전설만이 속삭이듯
꽃잎을 맴돌아라.

죽서루 외 1편

박 근 모

오십천 벼랑 위에 묵향을 사르면서
암벽의 기를 모아 화선지에 실은 슬기
두타의 푸른 기상을 암반 위에 심은 거장

평형을 잃은 초석礎石 균형을 이룬 공법
칸 수도 기둥 수도 제각각인 암상 누각
좌우의 기암괴석이 떠받치는 사개맞춤

청룡과 황룡으로 사위를 경계하고
익공翼工과 주심포柱心包로 공포의 멋을 담아
지세를 살펴 가면서 벼랑 끝에 앉힌 망루

하늘을 여는 뱃길 황도를 나는 쪽배
안개를 가르면서 헤어 가는 망망대해
천은사 범종 소리에 화답하는 파도 소리

죽장사竹藏寺 서녘 하늘 태백의 미인폭포
죽죽선竹竹仙* 눈망울에 앗겨 버린 해선海仙의 넋
관동의 제일 경으로 명名을 세운 죽서루竹西樓.

※죽죽선: 죽서루 동쪽에 유명한 명기 죽죽선의 집이 있어서 죽서루라고 하였다
  는 설이 있음

보석바위

평창의
워낭 소리
더반에 울린 함성

끈질긴 도전 끝에
꿈을 이룬 2전 3기

잠자던
암하노불이
홰를 치는 보석바위.

※동계올림픽 유치에 성공한 평창의 2전 3기, 실패를 거울 삼아 온 국민이 힘을 합해 꿈을 이룬 평창의 워낭 소리. 이는 하계올림픽, 월드컵, 세계육상선수권대회에 이어 동계올림픽까지 유치함으로써, 세계에서 다섯 번째로 4대 국제스포츠대회의 그랜드슬램을 달성하게 된 것으로, 강원도가 감자바위에서 보석바위로 도약하는 계기가 될 것임.

백두산 가는 길 외 1편

박 대 순

나는 울고 있었다
골이 깊어 갈수록 안타까운 연정으로
오늘도 잠을 못 이루고
온몸에 안개꽃 피운 채 백두산으로 가고 있었다

사랑의 계절 오기를 기다리며
우리의 사랑이 다시 한 번 꽃필 것을 믿으며
남쪽 대전에서 북쪽 대련 심양 통화를 지나
나는 백두산을 만나러 가고 있었다

긴 아픔으로 서 있던 나무들도 어깨의 눈을 털고
초록 옷으로 갈아입고 백두산을 따라가고
멀리 흰 비단폭 같은 금강협곡 혼강 물줄기 따라
당최 알아듣지 못하는 언어들도 백두산을 따라가고 있었다

백두산 자작나무 이름 모를 야생화 꽃들도
바위 틈새 나무 위의 새들도 백두산을 따라가고
이쪽저쪽의 사람들 한번씩 발을 내밀 때마다
천지의 푸른 물이 안타까운 눈빛을 오늘도 던지고 있었다

그러다 어느새 저문 날이 동트면 나는 울고 있었다
하늘 끝도 갈라진 시간을 뛰어넘다가 아침 햇살이 되면
천지의 물은 그대로 쏟아져 별빛이 되어
내 가슴을 휩쓸고 지나간다.

차 茶

차가 무어냐고 물으시거든
봄이라고 말하소
그래도 못 알아듣거든
저 남쪽 하동 차밭에서 한 잎 한 잎
딴 것이 차라고 답하소
어떻게 먹느냐고 물으시거든
팔십오 도에 아홉 번 부빈 사랑을 담갔다가
사랑을 마시고 싶어 마신다고 답하소
그러면 사랑이 무르익느냐고 물으시거든
안타까운 사랑 떠날까 봐 마신다고 답하소
안타까운 사랑 떠나더냐고 물으시거든
세월 두고 좀 더 마셔 봐야 안다고 답하소
두고두고 오래도록 마셔 보면
떠날 사랑 떠나지 않더냐고 물으시거든
차가 뭔지 아는 사람이 사랑하고 싶은 사람이라고
웃으며 답하소, 그 대답
누구에게 배웠냐고 물으시거든
섬진강에게 배웠다고 답하소
섬진강이 어떤 곳이냐고 물으시거든
이 산 저 산 품은 차밭이라고 답하소.

결혼 60주년 기념사진 외 1편

박 대 순

삐뚤이 길 가마 타고
차일 친 예식장서

족두리 연지 곤지
사모관대 가관이군

처음 본
그 얼굴과 모습
슬쩍 보고 훔쳐보고

턱시도에 드레스로
처녀 총각 부부 모습

누워서 사진 보며
빙긋이 웃었다네

지나간
육십 년 세월
영상으로 스쳐 간다.

못난이들의 항변

썩은 냄새 검은 때 자기 주제 알면서도
상대방 작은 허물 탓하는 얼간이들
제 가슴 마음의 때부터
깨끗이 씻으시길….

팔푼이 못난 주제 억지로 잘난 듯이
상대의 작은 실수 확대해서 꼬집으며
두더지 혼인과 같은
못난이의 이기심

남의 약점 헐뜯으며 사이비 비인간성
정의심 전혀 없고 제삿밥만 욕심 챙겨
수심獸心의 때를 쓰는 이들
양심 지켜 당당하길….

누워서 침 뱉으면 내 얼굴에 떨어지고
등 돌리고 탓한다고 못 들을 리 없잖아
상대를 우대해야만
나도 존경 받는다.

죽음을 생각하면 외 1편

박래흥

죽음이란 다 같은 죽음이 아니다
부귀에 눈이 멀어 친일한 을사오적
나라를
위해 몸 바친 계백, 김구, 안중근….

자살이란 다 같은 자살이 아니다
공금횡령 들통 나 한강에 투신한 놈
나라를
위해 자결한 이준 열사, 민영환….

연예인 자살하면 고상한 죽음 되고
혁명가가 자살하여 열사가 된다면
이것은
호박이 웃고 소가 웃을 일이다

영생을 사모하는 인간의 죽음은
영혼 없는 나무나 개죽음과 다르고
자살한
유다는 지옥, 자연사는 심판이다.

뻐꾸기의 탁란

초록 잎 사이사이 무등산 때죽꽃이
태풍에 흰나비가 되어서 너울너울
하늘로 수천 마리 날아가고 있을 때

가냘픈 오목눈이 둥지에 알 까놓고
장원봉 성터에서 청기와 집터에서
뻐~꾹 뻑뻑~국 노래하고 있구나!

내 새끼 밀어 죽인 원수도 분별 못한
무지한 오목눈이 슬픔 같은 빛고을의
어미는
피땀 흘리며 가랑이가 찢어지네.

아름다운 봄날 외 1편

박｜명｜식

가로등 불빛 아래 새하얀 꽃잎들이 눈부시게 춤을 춘다
꽃잎의 보드라움만큼이나 두 손을 맞잡고 행복하게 거니는
연인들의 어깨 위에도
백발이 성한 채 다정히 벤치에 앉아 정담을 나누는 노부부의
머리 위에도
꽃잎이 사뿐사뿐 내려앉는다
아!
이토록 짐짓 눈을 감고 있어도 꿈같은 아름다운 봄날.

야생화

엄니 몸에 홀씨 하나 떨어져
흙과 하늘 기운 받아 뿌리 내렸네
척박한 땅
외롭게도 누구 하나 보살펴 주지 않아도
밤엔 별과 속삭이고 달은 빙그레 웃어 주네
네가 피어 낸 꽃봉오리 작다고 울지 마라
한낮에는 네 자태와 내음이 벌 나비를 춤추게 하고 동그란 풀밭 세상을 향기롭게 하나니.

겨울 바다 외 1편

박｜명｜희

소나무 숲 사이로
바다가 웅크리고 있다
석양도 넘어간 빈 바닷가
지난 계절은 기억에서도 사라진 듯
언제 다녀갔는지 모를
발자국 몇 개 나지막하게
파도에 밀려 다닌다

바다도
그 무섭고 거친 바다도
때로는 저렇게 납작하고 고요하게
생生을 받아들이나 보다
계절이 이름 바꾸고 다시 올 때까지
그렇게
긴 모습으로 기다리나 보다

깊고 무거운 중심으로
북서풍과 화해하나 보다.

여름 강

강이 거기 있었네
아득히 떠내려갔던 내 강

물살 세찬 여울 샛강 지나 큰 강 이르니
저리도 허허롭고
강울음 울던 푸른 눈물
물빛으로 반짝이네
노들 휘어져 어린 물새 쉬게 하고
물풀 물비린내 풍기며
생명을 키우네

차고 슬픈 말
강물에 띄우니
낮별 하나 내려와 자맥질하고
비오리 떼 유유히
성하盛夏를 건너네.

불 꺼진 산촌 외 1편

박 | 문 | 신

산골 산촌의 빈집
불이 꺼졌다

깜깜한 밤인데도
불빛은 사라졌다

사는 사람이 없으니
불이 켜질 리 없지

불 꺼진 집이
점점 많아져 간다
불 꺼진 지 오래된 집은
벌써 허물어졌다
지금 허물어지는 집도
눈에 뜨인다.

해 저문 성주사지

성주사* 옛 터전에
발길 머문 나그네
멋쩍게 터를 잡고
석탑을 바라보네
대가람 그 옛 모습
어디가 숨었는가

들끓던 불자들은
다 어디 흩어지고
잡초만 우거진 터
귀뚜리만 슬피 울고
깨어진 기왓장들
옛이야기하고 있네

성주산 등줄기에
기우는 해 걸쳐 있고
석탑에 비치는 햇살
마지막 공양인가
한 서린 흥망성쇠
노을빛에 잠겨 드네.

※성주사聖住寺: 충남 보령시

자전거 타는 아이들 외 1편

박│병│선│

쉴 곳을 찾아 누운
둥근 두 개의 바퀴를 세운다
페달을 거꾸로 돌리며
어제 감긴 세월을 풀어 주고
1단, 2단, 3단 기어를 올린다
힘차게 페달을 밟으며
바람을 문지르니
기어에 감긴 세월이 버거워
잠시 흙을 밟고 선다
기어를 1단으로 내리고 세월을 풀어
파란 하늘 찢어진 흰 구름에 맞추니
시계의 초침 소리가 바느질을 한다
안장에 올라타 운전하는 아이보다
언제나 둥근 바퀴는 앞선다
가끔 힘 빠진 다리가 후들거리면
넓은 길도 좁아 보이고
따르릉 따르릉 초인종 튕기는
손가락이 힘차게 들린다
아이들의 함성 소리가
저녁노을에 향토 불을 켠다.

국화꽃 필 때

새살새살 걸어오는
가을 바람에
고운 자태 반쯤 피어
향기가 나고

곱게 분칠하고
옷고름 풀어헤친 채
치마폭 살랑살랑

꽃잎 편지지에
사연을 적어
주소 없는 봉투를
가을 우체통에 넣는다.

따라갈 수밖에 없는 세월 외 1편

박｜상｜교

흘러가는 세월 잡을 수 없어
따라가다 보니
귀밑머리 서리발로 늘어만 가고

인생의 삶 서서히 가려 하지만
등 떠밀며 막아도 오는 세월
아무리 붙잡아도 가는 세월

세월이 머물지 않으니
이루지 못하는 꿈
마냥 아쉬워도

구름 흘러가듯
바람 스쳐 가듯
어쩔 수 없이 나도 따라갈 수밖에.

흘러가는 세월

인생은 인연으로 만나
관계로 맺어
뒤엉키며 사는 것

역사와 현실이 같이 흐르는 탑골공원
어제도 오늘도 그리고 내일도
세월을 엮어 가는 구수한 노년들

어느 그룹은 장기 바둑
어느 그룹은 풍수지리
어느 그룹은 정치 시사

삼삼오오 모여 앉아 두런두런 와자지껄
누구는 효자 효부 누구는 정상 모리배
의회 의장도 되고 법정 검·판사도 된다

리어카에 커피 팔던 아줌마도
백발이 듬성한 커피잔 든 중년도
한가로이 세월을 낚는 하루가 저물어 간다

세월은
이렇게도 오고
저렇게도 가고 있단다.

가을걷이 외 1편

박 순 자

한가득 광주리에 논둑길 얹어 갈 때
멀리서 잽싼 걸음 손짓 하나 반겨 준다
탈곡기 입담 오르다 볏단들을 세운다

밥그릇 넘치도록 품앗이 정을 담고
젖먹이 다독이는 한나절 들녘이다
구성진 농요 가락으로 가을걷이 쌓인다

참새들 이삭 먹이 검불 더미 빈자리엔
보리밭 흙덩이에 찬 이슬 내려앉자
아낙네 절구 도구대질 구들장을 달군다.

쌈지

등짐 진 삯일거리 하루해 길다 해도
들이킨 농주 한잔 노을 녘 물들인다
오지다 셈하는 손길
매만지며 품은 맘

콩 타작 달아난 놈 발끝으로 모아 놓고
깨 타작 모은 키질 등급별로 담아 둔다
오일장 손짓 부르며
흥이 돋는 장사꾼

올망졸망 모여든 것 쌓이는 든든한 정
언제나 숨죽이듯 속박아 두었었다
헛기침 뒷짐 진 채로
미소 없는 손자 볼.

대숲에서 외 1편

박 | 영 | 숙

삶이란
대나무같이 올곧게 가면 길인 줄 알았다

때로는
바람에 속살거리는 댓잎처럼 흥얼대며
젖은 날은 비우고 마른 날은 채워
욱신거리는 관절의 통증도 인내심으로
꼿꼿하게 버티어 견디면 삶인 줄 알았다

어느 날
세월이 내게 걸어와 귓불에 대고 말한다

삶이란
치렁한 버들가지 바람에 나부끼듯
낭창낭창 휘어져야 별을 쏠 수 있노라고.

등나무 사랑

온몸을 뒤틀며 견디어 낸 인고로
흩어진 마음 감싸 안았기에

저렇듯
탐스런 보랏빛 소망을 피웠으리라

초록빛 그늘에 모여 앉은 참새들
달팽이관 울리는 쩌렁한 수다에도

묵묵히 구슬땀 씻기는 배려심은
넓고 깊은 어버이 사랑을 닮았어라.

사랑 · 2 외 1편

박일소

사랑은
진실된 사람에게만 보이지
그 가슴이 한없이 따뜻해져
그렇게 보기 때문이지

사랑은
참된 사람에게만 오지
그 가슴이 깊어서
가득 담을 수 있기 때문이지

오만한 가슴엔
찾아오지 않지
사랑이 찾아와도
모르고 그냥 비켜 가지

사랑은
한세월 가도
그렇게 찾아오지만
항시 다시 또 그렇게 가지

사랑은
가는 사람은 모르지
그 사랑 모르지

정말 모르지
모르지

남겨진 사람만 알지.

용미리 붉은 단풍

못다 한 사연 두고
잠든 영혼들의 마음이 모여서일까

여러 산사람이 쏟고 간
눈물을 먹고 자라서일까

청춘에 잠든 아들
어미의 애타는 마음이
그곳에 스민 때문일까

봄인데도 용미리 단풍은
유난히 붉다.

주엽목 신화 외 1편

박 정 민

내 몸의 생채기를 아느냐
아물지 않고 덧나기만 해서
세상으로 뻗어나간 지옥의 가시

가시마다 걸려서 오도 가도 못하는
바람의 비명 소리 들리지 않더냐
빼앗을 것도 빼앗길 것도 없는
세상의 가장자리에서
역류하는 혈맥을 타고 키워 낸
붉은 보호 본능도
아프다

소름 돋은 자리마다 거꾸로 대못 박은 채
칼날의 끝 너를 향해 있는
내가 무섭지 않는가

문을 지키던 케르베로스 없었구나
어찌 그리 쉽게 내게 오려느냐
오지 않는다면 지옥을 만나지 않아도 될 터
너는 언제나
스핑크스의 수수께끼를 풀고만 있거라.

오해, 아름다운

아이야
묶은 순서대로
거꾸로 풀어 보거라
차근차근 기억 더듬어 보거라
애당초 묶을 때
풀어야 할 일을 염두에 두지 않았구나
매듭의 목적이
묶는 것에만 한정된 일 아님을 몰랐구나
한때의 어리석은 포기를 잊지 마라
끊어진 매듭은 다시 묶을 수 없음이니
단단히 묶되
스스로 풀 수 있는
매듭을 짓거라
조급해 말고.

창밖의 여인 외 1편

박|종|문

창밖
추녀 밑
물방울 소리
대롱대롱 매달려
가지 마라
손잡아
노래하다
임 떠나
이별이 서러워
뿌리치는
눈물방울 소리인가 봐!

애처롭게 매달려
머물다 가기 싫은
너
새벽 햇살
밝혀 놓고
살며시 웃으며
해님
여인女人 손잡고
발자국
남기지 않고
떠나 버렸네!

고란사의 풍경 소리

노송老松이 우거진 오솔길을 따라
낙화암에 오르니
역사歷史에 피눈물 자국
남겨진 곳 말이 없고
바위틈에 피어 있는
잡초의 꽃 한 송이
길손을 반겨 주네!
춘풍에 휘날리는
비바람 결에
삼천 궁녀 피눈물 치마폭에 싸여
백마강에 뿌려지고 있구나!

맑은 물 푸른 솔
고란사의 풍경 소리
두고 간 임의 눈물 자국
마음을 짓누르고
암벽에 솟구치는
물 한 모금 피눈물 되어
길손의 발길을 울리네!
애달픈 통한의 눈물
백마강에 띄어 놓고
가신 임 찾아
하루해가 서산에 지는구나!

산 외 1편

박 종 욱

언제나 그 자리에서 기다리며
소리 없는 당당함의 큰 가슴 벌려
말없이 품어 안아 주는
그대는 산
때로는 날으는 새처럼 가볍게
생명의 빛 쏟아 내는 파란 하늘 등에 업고
오르막 내리막 굽이굽이 삶을 밟아
가쁜 호흡 숨 고르며 정상을 향한다
세상은 낮고 산은 높듯
때로는 굼벵이처럼 느리게
잠시 머무는 나그네 길 따라 마음 비워 내며
말 없는 가르침에 발걸음도 가볍다.

가을 공존

열매가 있어 아름다운 가을
그 속에 눈부신 햇살과
그늘이 함께 있기 때문이다
투명한 햇살 받아 빛나는 낙엽과
그 아래서 숨죽인 채
낙엽의 밝음을 받쳐 주는
그늘이 함께 있는 가을
나를 밝히면서도
남을 빛나게 해주는
아름다운 공존이 되고 싶다
오늘
태양의 사랑을 듬뿍 받는 열매와
힘없이 떨어져
내일을 기약하는 낙엽이 함께 있는
가을처럼.

서로를 믿는다 외 1편

박|준|상

우리 두 사람이
어디에 있더라도
서로를 믿는다
산에서도 바다에서도
비가 오는 날에도
햇빛이 내리는 날에도
우리는 함께 걷는다
호텔이나 여인숙이나
버스 터미널에서도
우리는 어떠한
형식을 갖추지 않는다
우리가 사랑하고
있다는 것이 확실하기에
우리 두 사람은
서로를 믿는다.

하얀 눈은 알고 있었다

대나무가
왜 한 해에 다 자라야 하는지

소나무가
동백나무에게 물었다

동백나무가
아무런 대답이 없자

황소바람이
하얀 눈은 알고 있었다고

소쩍새에게
알려 주고 가는 겨울밤

하얀 눈 내린다.

내 친구 외 1편

박 | 진 | 광

언제나 아이 모습
자연스럽고 편안한 친구

불룩한 호주머니 더 채우려는 꼼수에도
흔들림 없는 친구

아침에 사랑하고 저녁에 이별하는데
친구의 친구도 친구라는 친구

좋은 것 다 남 주니
곳간도 마음도 텅 빈 친구

탐욕스러움 들켜 무안해할까
보고 듣고도 모른 척하는 친구

친구가 많으면 뭐하나
친구가 적으면 어떤가
진한 친구 있는데

옛 사람
무엇하러 오우가五友歌 지어 불렀을까.

열망

언제쯤일까
실눈 뜨고
하늘 보는 마음

어디쯤일까 신발 끌며
사립문 나서는 기분
그대 알까 모를까.

세연정에서 외 1편

박│찬│홍│

세연정洗然亭* 올라서니
고산孤山의 맑은 체취

손수 심은 소나무는
아직도 청정한데

그이는 어데를 가고
뻐꾸기만 우짖는가

수水, 석石, 송松, 죽竹 네 벗만은
오늘도 오손도손

동천東天에 숨은 달은
언제쯤 떠오를까

고산의 높은 숨결이
세연지洗淵池*에 출렁인다.

※세연정: 고산 윤선도가 보길도에 세운 정자
※세연지: 세연정 앞뒤로 연결된 연못

고향

어머니 땀 냄새가
향기로 번져 오던

곰삭은 추억들이
켜켜이 쌓여 있어

오늘도
휘파람 불며
고향 꿈을 꾸누나.

갯마을 시리즈 · 1 외 1편

박 | 창 | 영

넓게 열린 광활한
가르마 같은 들길을
한참 동안 걸으면
강화도 서해 바다 갯마을

반세기 만에
어릴 적 걸었던
노릇노릇 알알이 몽글어 가는
논길을 다시 걸으니
새뜻한 마음에 가슴이 설렌다

해 질 녘
서해 바다에서 타오르는
대자연의 장엄한 꽃불을 안고 걸으니
내 마음도 꽃물이 들어

가슴이 터질 듯
벅차오르는 황홀경에 빠져
괴성을 지른다.

갯마을 시리즈 · 2

갯내음이
은은히 흐르는 갯마을

한사리 때
해면에 꽃노을이
번뜩이는 신비경에 젖어
만선을 하고 들어오는 고깃배들

뱃고동 소리와 함께
바다 갈매기들이
기룩기룩거리며 들어오는 부둣가
연평도 누런 조기, 꽃게들이
퍼덕이며 살아 숨쉬는 소리에 매료되어

마을 아낙네들은
신선한 해물을 한 바구니 가득 담고
오순도순 이야기 나누며
함박웃음 짓고 걸어가는 모습 속에서
소박한 갯마을의 정취가 묻어난다.

아름답게 물들어 가는 노인 외 1편

박 | 현 | 조

젊음의 옷을 하나, 둘 벗고,
노인의 옷을 입는다
아직은, 낯이 선 옷을
모자, 목걸이, 손가방,
구두, 양말에 이르기까지 주섬주섬
들어 보인다
벗겨지는 머리, 접혀지는 목주름,
거칠어진 손등, 가을을 타나 보다
가을의 언덕 억새꽃 머리털,
솔밭산장에 단풍처럼 옷을 입는다
아름답게 물들어 간다.

어머니의 문

아버지는 어디로 갔나, 혼자 남은 어머니들,
시골을 지키는 어머니들, 자식들은 도회지에 가고,
어머니의 문門이 잠긴, 문을 지킨다
굳게, 더 굳게 빗장을 잠그고,
덧 열쇠를 잠근다
눈보라, 비바람이 불 때마다
솔밭에 소나무처럼 윙윙 운다
스물일곱에 혼자되신 나의 어머니는
누구의 말도, 누구의 간섭도,
누구의 도움도 거부하셨던 어머니이시다
오로지 침묵으로 사셨던 어머니,
자식의 눈가에 흘린 눈물이,
어머니의 문을 열고, 가을비는 내린다
아버지는 어디로 갔나,
혼자된 어머니들,

뻐꾸기 울던 산 외 1편

배 길 수

역경과 시름
밥 먹듯 하며
한 세월 날아가니
이젠 바람은 잠잠하고
짐은 가벼워도
어느새 백발은
순풍에 돛이 되어
귀향할 항구 가까우니
날 저물어 가네
꽃 피던 봄 가고
수풀이 무성한 여름
한창 달리던 산에서
소 몰고 풀 베고 나무하던
옛날 그 시절
뻐꾸기 울면 나도 따라
뻐꾹뻐꾹 흥을 내다
그 메아리 소리에
해도 눈을 감아 버렸네.

아름다운 마을

당산 소나무 나이도 잊은 듯
수백 년 세월
묵묵히 이 마을 수호신 되어라
갯가 오백 년 노송
어깨를 나란히 바다를 지키며
한여름 시원한 그늘 되어
많은 사람 신선 되어 놀게 하네
바람 불면 파도 소리 몽돌 소리
귀청을 시끄럽게 울리고
갈매기는 까욱까욱
까치는 쨱쨱
아침을 깨우면
진주처럼 아름다운 학동 몽돌
동백숲 동백꽃도 햇빛에 눈부셔라
근방 한국 제일의 아름다운 동백숲
팔색조 날갯짓도 넋이 홀리네
가라산 매바위산 정수리
뜬구름도
그 아름다움에 취한 듯
머물다 쉬어 가네.

봄의 무례함을 고告함 외 1편

배│동│현

어찌 글로 아뢰오리까?
이 엉큼한
작당들의 무례를

이 산 저 산 터져 나오는
암수 잡것들의
외도[不倫]며

이 골 저 골 준동하는
천지개벽 벽두의
난동하며

삼동을 부풀려 터뜨리는
꽃망울 떼거리들의
속살[半裸] 시위를

기세에 밀린 장끼란 놈
얼굴 붉히며
도망가는 속내

어찌 말로 아뢰오리까?
저도 어쩔 수 없는
황당한 이 무례를.

입동지절立冬之節

난세亂世의 기로에서
마주 선 입동立冬
검은 구름 몰려오니
들바람이 세차다

그대는 아시는가?
홍도의 세한연후歲寒然後를
세파에 청정한 것은
노송老松뿐이 아니다

있을 때 잘해야 하는 연유
삼동三冬 드니 알 것 같아
나그넷길 앞선 바람
절로 더욱 차고
저무는 하루해가 더더욱 서럽다.

기다림 외 1편

배 석 술

꽃바람에
묻혀
꽃무리로 오실 건가요

화사한
햇살처럼
설레임으로 오실 건가요

속잎
눈뜨는

수줍은
겨울나무 속살
그 봄날을 기다립니다.

어느 날 오후

허공으로
시간이 쌓여 가는 오후

한 늙은이가
어두운 그림자를 끌고 간다

유적으로만 남은
피 더운 젊은 날의 추억은
꿈같은 삶의 길이었어도

생의 무늬를 벗겨 가는
오늘은
풀꽃 같은 시간들이 매달린
한숨 고인 세월을 말아 쥐고

누군가의 버려진
삶의 유물들을 모으는

저 리어카에 담긴
허름한 기쁨만큼이나

고단한 세월을

스러진 삶의 재를 움켜잡고
한 늙은이가 간다

빈 하늘은 저녁 빛을 핥고 가는
바람 소리만
늙은 그림자를 지워 간다.

피아노 그리고 고뇌 · 2 외 1편

배순옥

소리들이 파장을 일으킨다
피래미처럼 와글와글 꼬리를 치며 몸을 비틀어 대는 소리의 내장을 본다
발을 헛디딘 음审들이 떠밀려 자지러진다
순간, 생을 바꿀 수만 있다면….
나는 콧등이 벌겋게 달아올라 감각을 잃고 기어 다니는 음들을
벌레처럼 꾹꾹 눌러 죽이느라 식은땀을 흘린다
삼키지도 뱉지도 못했던 물컹한 것들,
나는 소리 밑구멍을 파고 손가락 하나 뚝 분질러 묻는다
휘청거리는 나를 살아남은 음들이 흐느끼며 달려와 안아 준다
흐느낌의 파장이 사방으로 번진다
난 이내 파장에 휩쓸린다.

피아노 그리고 고뇌 · 3

소리를 올려놓는다

살점을 도려내 가슴팍에 놓았더니
푸들푸들 떨어 댄다

피가 사방으로 번져 이내 퍼렇다

실핏줄을 타고 도는 떨림을 듣는다

퍼덕거림조차 없었던 마음
그 사이에 숨어 있는 소리들

곰삭은 아픔을 게워 내는 것인가
뱀처럼 또아리를 틀더니

급류처럼 몰려든다

꾹꾹 주둥이를 들이댄다

서로의 몸을 포개어 분주히 움직인다

소리를 듣는다.

안개 속에서 외 1편

백 규 현

새벽 강가에
세상살이 저만치 접어 두고
하얗게 핀 물안개
뒤돌아볼 그림자 하나 없이
지울 것 다 지우고
못다 다스린 여백만 남아 있다

끝내 아픈 기억 남기고
강 건너간 사람
언뜻 내비치는 그림자로 떠 있고
무심히 밀리는 바람 몇 점과
서툴게 머뭇머뭇 살아온 우리는
닿지 않는 하얀 깃발의 손짓

우리에게는
사랑도 미움도 하나였다.

장지葬地에서

금방 성토成土를 끝낸 무덤 위로
하얀 나비 한 마리 날고 있다

여기저기 뒹굴고 있는
통곡의 발자국들 위에
꽃이 시들어 가고
술잔의 술이 줄어들고 있다

꽃 위를 날다가
술잔 위를 날던
나비 한 마리가
숨죽이고 앉아 있다

슬퍼서 울고
울음에 겨워 울던 사람들
모두 산을 내려가고
황토 무덤 하나만
고즈넉이 앉아 있다

슬픈 기별이듯
어디선가 또 산꿩이 운다.

가을밤에 외 1편

백인옥

배꽃처럼 달빛 내리깔린 뜨락에
그리움으로 충혈된 불면이
낙엽 위를 뒹굴고

별빛에 굳었던 허수아비가
듬성듬성 걸어 나와
몸서리치는 외로움에
싸늘한 채찍을 갈기고

시인보다도 더 시인 같은
귀뚜라미의 물기 머금은 시낭송은
목이 쉬는 줄도 모르고

은빛 알갱이 몇 개 흩어져 있는 외양간에서
제 운명을 하얗게 씹고 있는 황소는
작년에 가신 할아버지 닮은 쇠죽솥만 바라보고 있고

무딘 작두날 옆
제 그림자에 놀란 생쥐는
쪼르르 달아나기 바쁘고.

이 계절에

세월을 한 조각 베어
유리잔에 담았다

뱃속에서 톡톡 터지는
가을 타는 냄새랑

바싹 마른 이파리들의
부스럭 언저리에 뛰어다니는
봄날의 파릇한 기운이랑

입 안에 돌돌 구르는
여름날의 핑크빛 사연들이랑

또다시
윤회의 긴 여정을 떠나는
겉치레랑

함께
담았다.

한스런 삼천 궁녀 외 1편

서 병 진

한 낭군 품에 안고
한생애 살았던
백제의 삼천 궁녀
한스런 몸부림으로
굽이굽이 흐르는 백마강에

한숨으로 눈을 감고
기암절벽 낙화암 아래
유유히 흐르는 강물에
곱다한 몸을 던졌으니

나룻배 뱃사공아
이 강물에 떠다니는
내 원혼을 위로해 다오
그렇게 멋들어진 모습을
이제는 내 곁으로 다가올
날도 되었는데

임은 언제쯤
메아리 되어 오시려는지
한스런 삼천 궁녀는
어제 오늘도 목탁 소리에
고란사를 어찌 떠나리.

소나기마을 문향

내리쬐는
뙤약볕 정열로
혼신에 땀 적시며
원고지 빈칸에다
생의 불꽃 태우니
푸른 하늘 깊은 골에
소나기로 묻었던가

계곡 찢는 물소리에
문향은 물안개로
가슴을 적시고
소나기마을 푸른 허공
일곱 빛깔 무지개로
걸음걸음 발자국마다
고운 시심 담아 본다.

12사도 상 외 1편

서│원│생

대양과 대륙이 접목하는 가장 큰 나라, 호주
가도 가도 끝이 없는
The great ocean road를 따라
차가 부서지도록 한나절 달리면
드넓은 대양 사이로
해안 절벽이 물 위로 걸어 나온다

예수님의 열두 제자가 이곳에 있다니
이천 년 전 기독교인이 박해를 피해 이곳까지
증거의 사명을 띠고 온 이들
그들이 먼 대륙, 여기까지 찾아왔을까

물 위로 걸어오는 예수님을 따라
같이 걷게 해달라고 예수님 조르던 베드로가
물속으로 빠지는 그 장면
그 성경 구절의 배경을 아닐 테지만
명명하는 바위 상마다
이천 년 전 모습으로 걸어 나오는 듯하다

믿음의 사도, 예수님의 열두 제자
그중, 일부는 배반을 하고
일부는 예수님을 판 죄과도 있겠지만
한결같은 고난이란 수식어가 따라다니듯

지금도 바위 상 군데군데
파도에 수난 받은 흔적이 역력하고
바위 상 한 개, 그나마 흔적도 없이 사라졌다

고난을 너머, 천국 가는 길목
먼 여정의 휴식을 위해
이곳, 청정의 해역에서 발걸음을 멈추고
잠깐 쉬어 가다 바위 상으로 굳은
그 수고한 자들의 모습
역경을 넘은 고난의 쓴 잔들이
지금은 관광객이 몰리는
세상에서 가장 아름다운 것으로 보이다니

천국을 옮겨놓은 듯도 한
바위 상의 사이사이로
하얀 거품들이 수정같이 일고 있다.

구선봉 앞에서

155마일 지루하게 끝말을 잇다 보면
더 이상 떨어질 수 없는 바다 끝
포화에 일그러진 채 낙타 등 모양으로
바다를 정박하고 있는 고생대의 화강암이
오늘도 통일을 구애하고 있다

나무꾼과 선녀의 전설을 굽이굽이 풀어내는
감호 못, 그 웅덩이
그 물, 그대로 담수한 채로
지금은 오색 빛 그리움에 지쳐 잠이 들고
섬마다 바다마다
주러리 주러리 태고의 구전을 담고 있는
점, 점, 점들
아득히 오래전에, 너무 멀리만 있던 것들이
꿈같은 현실로 아름답게 맺혀
작은 망원경 안으로
내 앞에 성큼 빨려 들어왔다

남쪽과 원산을 번갈아 포효하며
애잔한 가요를 실어 나르며 달리던 기차는
안타깝게도 다리 한 쪽이 잘린 채로
애환의 흉물로 변해 있고
햇살에 조잘대듯 펼쳐져 있는

아, 명사십리 해안선아!
달리고, 걷고 싶은 것이 오직 너뿐이랴

이념이라는 언덕
사실, 얇은 각막을 벗고 보면
수도 없이 오고 갈 만도 한데
언제나 마음뿐
구선봉은 황홀한 상처를 품은 모습으로
등대지기로 고장 난 선박처럼
오늘도 동해에 부유하고 있다
때론, 머리 위에 수많은 보안등을 이고 있는 것처럼
움직이지 않고….

틈새 생명 외 1편

선중관

보도블록 사이에도 생명이 산다
틈새 생명이다

수없이 지나치는 발걸음에
밟히고 차였을 텐데도
끝없이 고개를 내미는 저 목숨들
좁은 틈새 척박한 환경도 아랑곳 않고
꽃을 피우고 씨앗을 뿌리는
질기디질긴 생명력

살다가 굳어진 우리의 마음에도
저런 틈새 하나 남겨 놔야지
치이고 떠밀리고
삶의 짐에 눌리더라도
희망이란 새순이 비집고 나올
마음 밭 틈새 하나 열어 놔야지.

산에 한번 가 보라

배낭 하나 짊어 메고 산에 한번 가 보라
비지땀 흘리며 비탈길을 오르면
산길 같은 인생길 지난날이 보일 게다

오르다 힘이 들면 나무그늘에 몸을 내려
새소리 바람 소리 사그락 나뭇잎 소리
하늘 위 두둥실 구름 소리를 느껴 보라
잊었던 어머니의 젖가슴 숨결을 느낄 게다

산정에 올라 발밑을 보면
성냥갑같이 작은 저 세상
아등바등 욕심 부리며 살아온 부끄러운 인생
그 덧없음도 깨우치리라

그러므로 산에 한번 올라가 보라
가서 부질없는 욕심일랑 산정에다 내려놓고
쓸데없는 허영심은 바람결에 날려 버려
세상 근심 떨친 마음 시원하게 내려오면
천근같던 삶의 무게 깃털처럼 가벼우리.

화단의 봄 외 1편

설 복 도

엊그제 내린 비에
겨우내 꽁꽁 잠겼던 문
하나하나 열고 있습니다

안으로 안으로만 담금질하고
풀무질하여 꽃등을 켤
커튼을 걷고 있습니다

지그시 감았던 눈
하나 둘 뜨면서
말문을 터

방긋방긋 아가 웃음같이
깔깔대기도 하고
수줍어 살며시 혀를 내밀며
말을 겁니다

햇살과 바람이 계속
간지럼을 먹이면
어둠 걷히고 환한 세상
웃음 잔치 벌어질 겁니다.

풍경
—여름밤

저녁노을이 수박 속처럼 익었습니다
아이들 초롱한 눈빛이 파아란 별빛을 머금고
개구리는 여름밤을 재촉합니다

바람 따라 먹구름은 하늘가를 노 저어 가고
번갯불이 수박을 다듬는 엄마 손끝에서
칼질을 합니다

어느새 소나기 한 줄기
아이들 환한 입가에 다가와
후루룩후루룩 노을을 삼키고 있습니다.

그리움 한잔으로 외 1편

성|덕|희

밤이슬에 흠씬 젖어, 새벽은
달빛에 물들었을까
죽로차 밭에선
왠지 새벽내가 난다

푸른 아침을 부르는 참새 소리
장마가 오기 전에 대숲은
서둘러 잠든 죽순을 깨워 놓는다

댓잎을 스치는 젓대 소리에
대마디의 나날이 굵어진다
속을 비워야만
울림통이 커진다는 것을

산다는 것은
실實한 욕심을 비워 내는 일

차茶란 것이
마음을 나누는 일이라면
지금 이 순간
그리움, 한잔으로
채우고 싶다.

인디언 섬머(indian summer)처럼

푸른 몸에서 돋아나던
내 무성한 잎새들
뙤약볕 견뎌 낸 사랑도
단풍 드는 이 자리,
한밤이 짧았던 여름날의 노래는
이제 아스라한 후렴구로 흩어진다

호숫가 갈대숲으로
기러기 떼, 땅거미를 깃들이면
비껴가는 노을을 뒤로하고
우리,
그렇게 단풍 드는데
뒤늦은 사랑의 조짐으로
우리,
한없이 타오르는데
인디언 섬머※처럼.

※인디언 섬머: 가을에 잠깐 여름 날씨가 되는 것, 늦은 나이에 맞이하는 애틋한
  사랑

청주여 외 1편

성 환 조

살기 좋아 너도 나도 여기를 온다
듬직한 우암산에 올라 시가지를 내려다보면
훈훈한 전경이 감돌아
저만치 산상에 자리한 상당산성
주변 둘레로 길게 감싸고 있는 모습
이곳 얼이 살아 숨쉬는 곳 상당산성
청주는 아름다운 문화 예술의 고장
풍부한 인심 인품이 물씬 풍기는 고장
나가서는 이 고장 소중한 문화유산 직지가 있다
직지는 유네스코 세계기록유산
세계에서 가장 오래된 최고의 금속활자
빼놓을 수 없는 강서의 가로수 길
이 고장 자랑이며 다른 곳에서도 드문 가로수 숲길
청주는 올바른 예절의 고장 올바른 교육의 도시
청주는 무심천이 흐른다 청주의 중심부를
가로지르는 맑은 물 흐르는 무심천 자연의 경관을
접근해 가며 청주의 풍요로움을 나는 간직하고
있다 사랑하는 청주여.

뎬빈이 부는 날

놀라게 한 태풍 볼라벤은 가고
뒤를 따라오던 뎬빈이는
걷잡을 수 없는 빗물을 쏟아부었다
강물 물바다 무너지는 흙더미
어지럽게 저질러 놓고 방향 잡아
달아났다
뎬빈이는 너도 나에게 깊은 상처 던졌다
돌아올 길 없는 아픔을 남겼다
뎬빈은 생생한 나무들 쓰러뜨렸다
쓰러지지 않으려 해도
있는 힘 다하여 쓰러지지 않으려 해도
다시 설 수 없는 그 자리 떠나게 하다
뎬빈이가 부는 날엔
마음 가라앉힐 수 없어 곳곳이 멍들어
눈물비에 젖어 그칠 줄 몰라
원망스럽고 야속스러워했는데
뎬빈이가 불고 간 날은 잊혀지지 않으리.

잠 깨는 세상 외 1편

성|후|모

하늘의 명줄을 받아 타고난 사람
아름다운 당신의 눈길을 바라보고
내 마음속엔 밤이 되면 샛별이 되어
아름다운 꿈을 키우는 행복한 여정
우리 영혼 길 무지개 꽃 바라봐요.

가을밤 여정

가을밤 하늘을 바라보면
가슴이 설레이는 은하수 거리
사랑과 이별을 나뉘는 오작교
당신의 살가운 숨소리가 들려오는
도시 길 지평선 위엔 서녘을 보면
어느새 연분홍 노을 곱게만 꽃피워 줍니다.

참된 삶 진리에서 찾는다 외 1편

손 병 기

흐르는 시간 따라 세월도 함께 가고
사람도 서로 만나 친하게 살다 보면
오는 정 가는 정 속에 사랑과 믿음 싹 트고

만남과 헤어짐의 인생은 바로 오늘
인연과 인과 따라 일과를 보내면서
타고난 생활 공간에 삶의 지혜 심는다

우리의 일상에서 좋은 일 나쁜 일이
바람처럼 왔다 가고 구름처럼 갔다 오고
희망 찬 부푼 새 소망 행복으로 가꾼다

사람마다 가능 찾아 실속을 차리는데
시간이 만든 살림 슬기롭게 꾸려 가면서
참된 삶 밝히는 마음 진리에서 찾는다.

젊은이의 꿈과 비전

어버이 사랑 속에 참신한 꿈과 비전
큰 뜻을 가슴에 심고 의연히 일어섰네
영광의 가능성 찾아 사랑 꽃은 피어난다

삽상한 솔바람에 상쾌한 햇살 받아
신통한 나라 기둥 의젓하게 자라는데
위대한 이상 실현에 속삭이는 파랑새

가슴 벅찬 희망 메시지 생기가 솟아나고
푸른 꿈 삶의 지혜 기발한 아이디어로
화려한 복된 세상을 꿈동산에 세운다

동방의 영롱한 빛 세계로 비쳤으니
구슬땀 값진 열정에 도전하는 젊은이들
참된 삶 영원한 미래 보석처럼 빛난다.

연꽃 외 1편
―궁남지에서

손 수 여

삶의 진토에서 꿈 싹이
썩은 흙을 먹고 자랐지만
흙탕에서 청정수 뿜어내는 너,
황초롱, 홍초롱, 백등초롱이
천상의 향기를 궁남지에서
토하는 맑은 연지이고요

백마강 바람에 출렁이는
달그림자,
은하수 불러내어 반짝반짝
아름다운 세상 열어 주고요
천지 밝히는 등불처럼
썩어 가는 것에 소금같이

부패한 나를 바라보는 나,
얼마나 비참하랴
오욕에 찌든, 썩은 영혼을
연잎 초롱으로 밝히시네요
사바세계 불국정토
육바라밀 연꽃 한 송이!

햇살 같은 웃음으로
마음을 열어 주던 너,

달빛 묻은 향기로
온몸을 감싸 주네요
내일 난 세상에서
가장 기쁜 노래를 부르리라.

마라도

대양 한가운데 섬으로 발을 내딛다
오고 싶었지만
비바람에 번번이 돌아서곤 했던
마라도를,
정해 시월 열아흐레 세 시 오 분
최남단아,
마라야
너에게로 왔다

머리 위로 갈매기 쌍이
끼룩끼룩 합창하고
나래 춤추며, 길손을 맞는다
가시 손 선인장도 노랑 불 켜고
나를 반긴다
오면 가지 마라, 가면 오지 마라
그 이름 그 전설이
너무 고와 슬픈 섬,
천상에 떠 있는 한 덩이
무공해 천연 섬이

손 내밀면 잡힐 듯
바람이 먹다 만 솜사탕
뱃고동 소리 따라 파도치는 억새풀

에메랄드빛으로 출렁이는,
차라리 먹구름 한 섬 몰고 와
떠나는 발길 묶어나 놓았으면.

소요산 연가戀歌 외 1편

손순자

인생길
설렘의 정거장에 서서
동반자를 기다리던 스물셋
그때,
그대를 만났습니다

사랑의 날개 펴고
소요산 아래 둥지 틀어
그대 품에 안겼을 때
이 세상 누구보다
행복에 젖었음을 고백합니다

사랑은
단둘이 해야만 하는 것
언제나 그 자리 머물러 주세요
그대만이
살아가는 이유가 됩니다.

트레비분수

로마로 이동하는 관광버스 안에서
영화 '로마의 휴일'을 보았다
세월이 흘러도 변함없이 보존되어 있는
젊은 날의 '오드리 헵번'
그녀의 사랑스런 모습에 푹 빠졌던 어젯밤

영화 속 한 장면을 떠올리며
트레비분수를 등지고 서서
동전 한 개를 오른손에 쥐고
왼쪽 어깨 위로 힘껏 던졌다
로마에 다시 올 수 있기를 기원하는
해맑은 딸의 소망이 물보라로 넘쳐난다

호호호, 깔깔깔,
젤라또 아이스크림을 먹으며
얼굴색 다른 사람들로 로마는 포동포동 살찌고
내 수첩에서도
'딸과 함께 떠나는 서유럽 여행'
버킷 리스트(Bucket List) 목록 하나가 지워졌다.

고향의 그리움 외 1편

손 진 명

마루에 걸터앉아
옛 산을 바라보니
어린 시절 그 그리움들
찻잔의 김으로 피어오르네,
눈밭에 뛰어놀던 네 천진한 웃음소리
이 마룻바닥에 앉았다 가는 네 푸른
발자국 소리,
이 모두가 들여왔다가 지는,

생각지 않아도 생각이 나는
이 낡은 창가에 별들은 아직도
소녀처럼 수줍은 손을 내민다
너와 나 함께 거닐던 오솔길엔
올봄도 그 찔레 향 피어 있을까

글귀처럼 파랗게 돋아나는
그때 그 생각
세월이 지운다 해도 지울 수 없는,
가슴속
눈꽃처럼 빨갛게 익어 오는
고향의 그 그리움.

몇 조각 달빛을 풀어놓고

어둠이
산속으로 내려와 앉으니
산이 운다
따라서 무덤도 따라 운다
얼마나 외로우면 저렇게도 울까

무덤 속에 핀 가시덤불
슬픈 음률이 가늘게
무덤의 혈관에서 흘러나온다
앉았던 바람이 눈물을 닦고
지는 노을도 눈시울을 붉게 적시네,
내 혈관에서 피는 외로움 무덤이여,
별빛이 내려와 함께 우는 밤이여,

상석床石은 어둠처럼 세월에 내려앉아
흙 속에 이름을 까맣게 지웠다
세월에 지워진 그 이름은 누굴까
그도 생전에 된장국에 설익은
몇 조각 달빛을 풀어놓고
식탁 위에 별빛도 켜 놓고 오순도순
이야기 나누던 가족도 있었겠지
저 달빛에 청춘을 매어 놓고 놀던,
멀어진 세월 푸른 달빛만이 내려와서

혼자 풀밭에 발을 뻗는다
덤불 속에 묻힌 그 사람
외로워 외로워서 혼자 울고 있네,

귓전에 들려오는 허기진 저 소리
이끼 낀 세월 그 이름들 다 어디 갔을까?

인연의 매듭 외 1편

손 희 락

그대여
이른 새벽
잠깨었거들랑
사랑하는 이 얼굴
부드러운 손바닥으로 만져 보라

눈과 눈 사이
뺨과 뺨 사이
아무도 모르는 매듭
만져질 것이니
느껴질 것이니.

빛깔에 대하여

푸른빛 뽐내던
알알이 밤송이들
진흙 빛깔로 뒹굴고 있다

푸른빛, 검은빛 사이로
걷고 있는 내 발자국
가을비 젖어 무겁기만 한데

어디선가 들려오는 벌초의 기계음
천둥, 번개 소리보다
크고 날카롭다

흘러가는 시간은 빛깔이 없다지만
맥박 느려지는 발자국의 빛깔
지금 확인할 때가 아닌가.

목련꽃 서정 외 1편

신 | 길 | 수 |

은무리 넌지시
넘쳐
흐르듯이

순백한 여자의
앞가슴
여미듯이

봉실한 꽃봉오리가
봄을
키워 내더라

어느 여자가 지닌
순결한 몸짓같이

꽃숲
자분자분
함께 얼리듯이

한 여자
순결을 얹어
고운 자태 보이더라.

들국화

그리도 부끄러워
점점
낯
붉히고

여럿이 모여서는
수줍은 듯
고개 숙여

숨은 듯
얼굴 감추고
숨어 웃는 모습여

한 발치
한 발치씩
걸어서 끝을 가나

흐르는 물줄기처럼
잔잔히 물결치듯

그 꽃향 향기로운데
바람 젖어 노닌다.

저녁 안개 외 1편

신 동 호

강가에 서면
오고 가는 뱃길은
안개에 젖어
동그란 얼굴이
가슴에 남아
어깨를
툭
치며 내게 기대 올 것만 같아
돌아보면
눈물 글썽이며 떠나온
초가삼간 내 고향 집
희고 고운 조롱박이
누나 스카프를 쓰고 아무렇게나
얹혀 살고 있겠지
혼자 노닐던 시간 너머에
못다 한 마음인 양 인연의 붉은 아픔이
산자락에 남는데
괴롭고 슬퍼하는 생각은
저 하늘에 접어 두고
가는 구름이 아쉬워 눈을 감으면
아—
그리운 사람이여.

5월 이맘때

늦은 가래질 끝낸
긴 논두렁
두벌갈이 논마다
애기 주먹만 한 우렁이
흔하게 건져 내던 때가
5월 이맘때였을 게다

미루나무 상수리
열매 흰 꽃이 피어 바람에 날리고
찔레꽃 머리 가뭄에
밀짚 조랭이 펴고 자며
물쌈하던 때―

보리 순이 누릇누릇
여물어 가는 해 저물녘
작은 절 치성을 올린
흰옷 소복한 여인이 눈물 젖은 손으로
함지박 받쳐 이고 가며
목메이던 날
5월 이맘때였을 게다

갈 꺾던 시절
누리살 묻어 몹시 가렵던 겨드랑―

베잠뱅이 입고
풋갈 한 짐 진논에 백이고 돌아오는 저녁
뱀 물릴라! 너무 늦게 다니지 마라
어머님 생존 시
동구 밖 마중 나오시던 그때가
아마
5월 이맘때였을 게다.

해안선에서 외 1편

신 | 민 | 철

일렬로 왔다가
모래 숫자 앞에
무너져 버리는 물결

곡선을 그린 해안선에도
속삭임이 그려지고
멱을 감는 바위에
홀로 침묵을 씻고 있는
갈매기

물결의 무리가 오기까지는
짝을 이루고 있는 발자국
지우고 또 지우기보다는
잊어져야 함이 더 큰 서러움

아무런 까닭도 없이
빈 배만 띄워 놓은 채
돌아서는 내게

바람은
초록빛 향기를 실어 오고
하얀 구름 따라
성큼성큼 다가서는
검은빛 그림자들.

백일

태어나
모유보다 먼저 먹는
나이

뜨거운 시선이 와
닿을 때마다
보호막은 두터워지고

미명에 쌓인
숫자풀이로
생후 처음 맞이하는
석 달 열흘

햇빛 달빛과 더불어
무심치 않은 날들이
꽃봉오리가 되고

푸른 잎 하나 하나가
더욱 늘어만 갈 때
갓 피어난 꽃잎으로
행복의 열매로 향한

백일의 잔치.

매화꽃 지던 날 외 1편

신│영│전│

겨울을 비집고 봄이 들어서면
닫힌 가슴을 파고드는 바람이 시리다

언제나 그리움이란 말 때문에
산모퉁이 기대선 소나무 가지 너머
한 마리 홀로 선 사슴이 되어
지칠 줄 모르는 기다림에 익숙해졌다

봄바람이 한 줄기 불어오면
매화 꽃 한 송이 머리에 꽂고
생머리 물결처럼 나풀거리던
열여덟 그 소녀
하얀 이빨 사이로 흘리던 웃음소리
상기도 나의 귓전을 맴돈다

기억 속에 머무는 당신의 모습은
하얀 바탕에 연분홍 꽃무늬 넥타이
빈방 벽에 홀로 걸려 있는 정물화
매화꽃 지는 뜰아래 내려서면
연緣의 실타래를 다 풀지 못하고
그 끝을 잡고 서녘 하늘만 바라본다

떠나보냄도 맞이함도

모두 부질없어라
매화꽃 피고 지는 까닭까지도.

못다 한 아쉬움

발아래 저만치 옅은 안개
파도처럼 산허리 휘감아
풋풋한 봄 내음
산새 울음 편에 전해 오면
먼 산 바라보는 고라니의 순한 눈 속엔

겨울 옷 벗어 홀홀 터는 발치 아래
지난 봄 추억은 아직도 머무는데
성급한 촐싹풀 내민 머리

바위 밑 응달
젖은 이끼 헤집고
푸석푸석 눈 썩은 도랑물
오는 봄 뜻이야 고맙지만
가는 겨울 끝자락 아쉬워하며
쳇바퀴처럼 돌아가는 연緣의 굴레를
또 어느 강기슭에서 건져지려는가.

나 그대에게 고운 향기가 되리라 외 1편

신 | 재 | 미

초승달이 노니는 호수로
사랑하는 이여!
함께 가자
찰랑이는 물결 위에
사무쳤던 그리움 던져두고

꽃 내음 번져 오는 전원의 초록에
조그만 초가 짓고
호롱불 밝혀
사랑꽃을 피워 보자꾸나

거기 고요히 평안의 날개를 펴고
동이 트는 아침
햇살 타고 울어 주는
방울새 노래
기쁨의 이슬로 내리는 소리를 듣자꾸나

사랑하는 이여!
일어나 함께 가자
착한 마음 한 아름 가득 안고서
나 그대에게
황혼의 아름다운
만추의 날까지
빛나는 가을의 고운 향기가 되리라.

무엇이 되어 다시 만나리

낡은 조각배 한 척이
노을을 맞는 강가에 서서
흐르는 물결을 바라본다
빛을 가리는 구름으로 인해
때로는 검게
때로는 타버릴 것 같은
붉은빛으로 흐른다

이제 헤어지면
어디서, 무엇이 되어
다시 만날지 알 수 없는 일이나
이별이 이토록 아름답다는 것을
예전에 미처 몰랐다

생명의 기운이 솟는 봄날
비가 되어 내 몸을 적셔 주려는지
연인들의 그리움을 가득 싣고
첫눈 되어 축복의 메시지를 전해 주려는지
또 다른 만남은 알 수 없으나
돌고 도는 것이 세상사이니
작은 것 하나도 경솔하게 여기지 말고
좋은 인연이라 여기며
사랑하고 존중하여야 하리.

새벽달 외 1편

심 재 기

새벽 네 시
길을 나선다

"여보 고마워"
"또, 그래?"

"아이들 건강하고"
"왜 그래?"

"주변이 환하고"
"나만 그래?"

멀리 새벽달이
"응!"
하고 대답한다.

담

달님이
담을 넘으려 안간힘을 쓴다

담 너머 세상은
이승에서 뛰놀던 왕풀무치 한 마리
폴짝 뛰어 달아난 곳

달님이 담을 넘지 못해
빛을 거두어 담을 가린다

가리고
거두고
허물어뜨려도
한사코 서 있는 담벼락.

어떤 대화 외 1편

심 재 흥

약藥 봉지 손에 쥐고
어디선가 들려오는 귀엣말에
가슴으로 대답한다

"당신, 나 없인 못 살지?"
"천만에"
"마누라 없인 살아도 나 없인 못 살 걸"
"……"
"왜 대답이 없는가?"
"대답을 꼭 해야 하나?"
"아무럼"
"그래그래, 자네 말이 옳아"
"이제야 아는군. 그러나, 걱정 말게
나는 자네 친구 아닌가"
"부탁하네, 앞으로 다른 친구는 나에게
제발 데리고 오지 말게"
"알았네, 다른 놈은 얼씬 못하게 할 테니까"
"고맙네, 고마워"

낙엽 구르는 소리 들려오는 밤이었다.

낡은 구두

낡은 것은 모두 버려야 하는가?
나의 낡은 구두 가리키며
버리라고 성화를 대는 아내
말없이 고개 저으며
나는 신발장 낡은 구두 바라본다
비스듬히 닳아빠진 뒷창
군데군데 갈라져 속살 드러낸 가죽
개울가 돌멩이보다도 흔한 자가용 멀리하고
눈비 내려도 노예처럼 끌고 다닌
나의 낡은 구두
젊은 날엔 쉽게 버렸는데
이젠 버리지 못하네
황혼길 함께 걸어온 추억 때문일까?
버린다면 잡동사니 모인 쓰레기장엔 버리기 싫고
활활 타오르는 불 속에 던지고 싶네
고달팠던 한 목숨 뜨겁게 마치도록.

그대 나를 부르시면 외 1편

심 종 은

그대 나를 부르시면
지금이라도 당장
그대 향해 맘껏 달려가겠나이다

그대 나를 그리움이라 부르시면
먼 산 너머 솜사탕처럼 피어올라
눈에 아른거리는
하얀 솜털구름이 되겠나이다

그대 나를 사랑이라 부르시면
오뉴월 불볕더위에도
식을 줄 모르는 열정으로
후끈 달아오르는
붉은 장미의 입술이 되겠나이다

그대 나를 임이라 부르시면
살랑거리는 가슴 마냥 뛰노나니
곱게 갈무리하는 잎새 언저리
어루만지는 갈바람이 되겠나이다

그대 나를 부르시면
눈 감아도 감을수록 비쳐 드는 임이시기에
타는 입술 꼭 깨물며
무작정 달려가겠나이다.

사랑이란 이름으로

조그만, 아주 조그만
꿈과 사랑을
우리는 사랑으로 키워 왔잖니,

가녀린, 아주 가녀린
마음과 마음을 보태어
우리는 사랑으로 피워 냈잖니,

사랑이란 이름으로
아무리 당신을 부르고 외쳐 보아도
꼭 채워지지 않는 가슴속 이야기를
눈빛을 통하여 마음을 오가고는

사랑이란 이름으로
티끌만 한 오점마저 치유해 가는
한없이 맑고 깨끗한 우리들
아름다운 화음을
끝없이 사랑의 노래로 맺어 가잖니.

어느 밤이면 외 1편

안│숙│자│

어딘가로 사라진 내 별들이 그리워
열린 창가에서 비명이라도 지르고 싶던 날
믿었던 빛이 목발 짚고 오는 어둠
등불이 없으면 다시는 돌아오지 않으리라

어둠의 블라인드가 내려져
풍경마저 차단되고
별들의 항적 찾을 수 없어
제자리에 선 채
눈가에 이슬 적시는 들꽃이 된다
늘 홀로이던 내가 그들과 같이 있다

내가 지금 아픈 것은
이름 없이 피어난 들꽃이 아프기 때문이다
내가 이렇게 밤이면 괴로운 것은
홀로 떠돌던 별이 아프기 때문이다.

하루살이

하늘을 바라보는 마음은 늘 같은데
붉은 꿈이 허공 위로 맴도는 시간
하루를 살기 위해
천 일 기다린 시간이
물과 같이 흘러
추억이 돌아갈 자리 없는
이 하루는 그대입니다

살아 있어 하나의 생명일 때 기쁘고
기쁨은 곧 마음의 길 하나 열어
작은 것들이 이 세상 열어 읽었다는 것을
그리고 난 뒤 이 세상이 아름답다는 것을
그들이 영혼의 꽃 피우기 위해
어디에서 천 일을 다시 기다려야 할까.

울림 외 1편

안 연 옥

빈 풍※의 은은한 서정 속으로
브람스의 클라리넷
음률이 흐른다
그이에게선
아늑한, 그
먼 그리움으로 이끄는
소리가 들린다

우수 어린 순결한 눈빛
그이에게선
어디에도 머물지 않는
자유가 흐른다

깊어 가는 가을밤
영혼의 울림은
클라리넷 음색으로 흐른다

평화로 흐른다.

※ 빈 풍: 예술의 도시, 오스트리아 빈 풍경

그, 사랑은

그것은
모성의 사랑 속에 있었다

무한함 속에서 다함이 없는
사랑의 샘, 하나
영원 속에 흐르고 있었다

우리를 존재하게 하는 것
우리를 지탱하게 하는 모든 것
그것은 고귀함,
어머니라는 참된 사랑의 에너지가
영원 속에 흐르고 있었다는 것이다

어디로부터 왔을까
무엇이 되어 어디로 가는 걸까

우리들 인생의 지침서
훌륭한 교과서는
자식이라는 대상에게
온몸을 던질 수 있는
자신의 관념적 가치

어머니라는 무한한 사랑 속에 있었다

사랑만이 모든 것을 생성케 한다는 것
우주의 비밀, 그
심오함.

신필모가 新畢耗歌·1 외 1편

안용민

에헤라 상사디야
꿩 깃발이 올랐다
왼쪽에 학농위세學農爲世
오른쪽엔 농자천하지대본農者天下之大本

어루화 상사대야
모를 꽂세 모를 꽂세
뙤약볕 신명바람
가끔씩 산들바람

어허야 상사디야
모두랑 흠뻑 밴 땀방울이야
이것이 영글영글 낟 알곡
얼 그릇을 강건케 하고

잘도 한다 상사대야
집집마다 내자들 배 두드리고
아이들 재잘깔깔 자라나니
이만하면 금 물방울이지

얼씨구 상사대야 상사대야
억수감사 상사디야
지화자 상사디야 상사디야
상서기운 상사대야.

농자천하지대본 農者天下之大本

해마다 변함없이
씨앗이 싹으로
땅에 뿌려지면
온갖 산고를 다한
신神의 보살핌으로
어김없이 자라나
수확의 충만을 주고
감사에 기쁨을 주네.

햇살이 머무는 뜨락 외 1편

양 연 화

육중한 담 헐고
작은 휴식 공간을 만든
영등포구청 앞 쉼터는
반가움이 만나는 장소다

교통 좋고 찾기 쉬워
잠시 머무름 좋고
그늘 의자에 앉아
시원한 바람 몇 번 지나면
기다리던 만남 이루고
밝은 미소로 자리를 뜬다

아이 어른 누구나 홀로 또는 같이
친구를 만나고 지인을 기다리고
다툼은 없고 기쁨만 있는
햇살이 머무는 정겨운 뜨락.

봄의 환희

잠시 머무는 삶에서
어떤 만남이 귀하지 않으랴
선물로 주어진 하루가 소중한 보석
스치고 지나는 모든 것이 아름답다

살갑게 부는 봄바람
조금 야멸차게 분들 어떠랴
애써 다듬은 머리 헝클어
부끄러움 드러내도 괜찮다

사월의 개울에서
두 손 어루어 주고 흘러간
냇물 다시 만날 수 없어도
가슴에 남긴 부드러움은
오늘 만남의 기쁨인데
그 작은 개울물
쉬지 않고 흘러 지금은
넓은 바다를 만났겠지.

너를 보내는 일 외 1편

양|지|숙

너를 곁에 두고
사철의 물 빛 나누고
흥분의 세레나데 부르며
파란 미소 마신다면
너를 떠나보내고
더 많이 사철의 허무 나누고
맑은 구름보고 비 내려 달라고
떼쓰듯
꽃 피워 달라고 바란다면

너는 살 수 있을까

음지에서 양지
뿌리 끝에서 땅 끝으로
끝과 끝이 붙은 처음으로
다시 갈 수 있을까
고춧가루 범벅이 된 손 닦고
조르르 달려가 본다만
장하게 서 있는 저 햇살은
지나치게 찬란하다.

바람

내 향기 맡으며
떠나는 바람아
내 얼마나 상쾌한가
네 가슴에 내 묻었거든
그녀에게 달려가라
그녀에게 나를
무턱대고 풀어놓고
그녀의 한 귀퉁이라도
안고 돌아와 준다면
내 향기 빼앗아 달아나는
다정한 바람아
아침마다
그렇게 와 준다면
밤을 설치고라도
그렇게 와 준다면
내 향기 식어 가도록
나를 그대에게 맡길 테니.

수박밭에서 외 1편

엄원용

저렇게 가늘고 작은 줄기에서 어떻게 이런 큰 수박이 열릴까 생각을 해보다가, 그렇지 않고 만일 나무에서 이런 것이 열린다면 무게에 눌려 가지가 찢어지고, 낙하하는 그 순간 그만 박살이 날 텐데 하고 생각을 해보면서도,

 박토薄土에 실뿌리 박고, 이슬비 받아먹고, 바람 쐬며, 뙤약볕 아래 세월 두고 감당키 어려운 무게를 만들어낼 수 있다는 것은 바로 그것을 받쳐 줄 넉넉한 땅이 있기 때문이리라

 정말 아주 사소한 일일지라도, 눈을 다시 크게 뜨고 보면 놀라운 일들이 한두 가지가 아닌데, 지구 어느 한 구석에서 살아 숨쉬는 어떤 것인들 그렇지 않은 것이 없다는 것을 생각하면 또 한 번 놀라는 것이다.

참새

참새는
'짹짹' 하고 울어야 참새다
'끼룩끼룩' 울거나
'끄륵끄륵' 울면
그건 참새가 아니다

참새는
'팔짝팔짝' 날아야 참새다
그렇지 않고
'훨훨' 난다든가
'펄펄' 나는 척하면
그것도 참새가 아니다

참새는 어디까지나
참 새이어야 참새다
그렇지 않은 새는 가짜 새다.

축련산 철쭉 외 1편

여 | 명 | 옥

축련산은 지금
철쭉꽃 입술
물푸레나무 참나무 숲을 지나서
원추리꽃 붓꽃을 제끼고
또다시
복수초 금낭화를
제끼고
제끼고
화채봉에 오르니
서리산과 아우르는 칵테일잔에
흩날리는 꽃비

천마 운악 북악산들이
호들갑을 떠는구나

발목을 잡는
남이바위 수리바위에 누우니
자산홍 영산홍 빛깔
붉게 물 흐르는 가슴 가슴.

숙암계곡

강원도 정선
숙암계곡을 오르다가
물소리에 취해
잠이 든
기암괴석

능선 따라
펼쳐 놓은
철쭉꽃 병풍
타오르는
불길을 잡으려고

오대천
맑은 물의 돌다리를
숨 가쁘게
건너뛰는
열목어들.

가을의 뻐꾸기 외 1편

여│한│경│

봄에는
봄 가는 줄도 모르고
그리움도 모르던 멍청이 뻐꾸기가
가을에서야 뻐꾹뻐꾹
너의 목에선
피가 마른다

봄이 가고 여름이 가고 회오리치듯
모두가 가 버렸건만
노을이 불타는 계절의 가지 끝에서야
너의 가슴엔
그리움이 불타나 보다

뻐꾹, 뻐꾹, 뻐꾹….

대답 없는 허공엔
흰 구름만
떠가고.

갓바위 부처님

그까짓 이름이야
아무러면 어떠냐

팔공산 관봉冠峯 정수리에
높이 홀로 앉아서도
눈시울 내리깔고는
아래로만 내려다보는 부처님!

구름처럼
벌 떼처럼
하늘 마당에 모인 사람들
촛불, 연등 밝혀 놓고
축원, 염불 밤낮으로 시끄럽지만

모두를 굽어보며
모두를 헤아리며
광명으로 이끄시는 부처님!

하늘보다
드높아만 보이시네.

바퀴벌레 인간? 외 1편

오병욱

이상도 하다
이 마을에는 왜
바퀴벌레는 어두운 곳에서
양지바른 곳에서는 인조人鳥*가
봄비 온 뒤 들판에 피는 꽃처럼
여기저기 눈을 뜨고 입을 벌리며
만세까지 부르고 있는 것인가

햇빛이 몸을 숨기고
바람은 슬피 우는, 그 어두운 곳을
어미 품속으로 여기는 바퀴벌레
코를 벌름거리며 기회를 노리는
쥐처럼 더듬이를 사방으로 돌리면서
속눈썹 붙인 눈알을 굴리며, 껌벅이며
남의 것 슬쩍하는 것이 나의 방식이라고
풍년가 콧노래 부르며 장단 맞추고 있다

현미경에 비친 모습은
비단 같은 번들번들한 껍질 두르고
몽당연필 같은 모가지 빳빳하게 세워
금테 둥근 검은색 안경을 걸친 바퀴벌레 같은
인간이 어둠 속에서 꿈틀꿈틀거린다
햇빛 밝은 푸른 파도에 몸을 씻고

투명 유리 너머에는 펭귄 같은 사람도 보인다

길을 가로막는 궁금증
꼭 암흑 세계만을 골라가며 사는
바퀴벌레 같은 인간과 바퀴벌레는
사는 방식과 짓거리가 같고,
번쩍번쩍하는 외모도 같으니
종자도 같은 한핏줄인 것인가?

※인조: 펭귄

꽃봉오리 가꾸는 여인

때까지 대물림으로 입은 옷
가난의 맷돌에 찧어 터진
짓무른 상처 닳은 무릎과 엉덩이 구멍들
먼저 입은 형제들 눈망울과 마음이다
모래 씹는 맛 나는 설익은 안남미 밥에
소금을 버무려 말은 주먹 같은 밥 덩어리
자유로운 두 손으로 쥐어 먹어도
말리는 사람 없이 물 한 그릇 더 마셔도
허리끈 늦춰 본 적이 없는 아이들
녹조류 무성한 잔디 같은 진초록 연못 물
세숫물 빨랫물 목욕물 설거지물이기도 하다
날이 가고 달이 갈수록 다카마을※
동심은 연못같이 녹조 끼는 마을에
불빛 환한 등대처럼 나타난 얼굴
묵직한 보따리를 멘 처음 보는 여인이다

언제 적인 것인지 알 수 없는
누런 코가 얼굴과 손등에 살고 있다
위세를 부리는 기름종이 같은 때를
고급 과자같이 생긴 비누에게 빼앗겨
허전하게 매끄러운 코훌쩍이 아이 피부는
뽀송뽀송한 구멍 난 옷 속에서 미안해
그리던 소녀 만난 듯 쑥스러워한다

흰 쌀로 지은 환하게 웃는 밥 옆에
김치와 닭도리탕 고기가 형제처럼 다정한
두부모처럼 반듯한 도시락을, 줄지어선
죽순같이 자라야 할 아이들 손에 쥐어 준다
텃밭으로 공책 한 권 위에
연필 한 자루를 꽃씨로 올려놓고
마음을 담아 새 옷으로 곱게 싸서,
나눠 주고 두 팔 벌려 마음의 씨 꼭 안아 주며
만리타향에서 한국 여인은 하늘 보며 몰래 눈물 닦는다.

※다카마을: 방글라데시 수도의 빈민촌 마을

길이 몸을 바꿀 때 외 1편

오 선 숙

굳게 잠긴 교회 문을 돌아설 때
비텐베르크의 루터를 생각했다
파문장을 짓밟은 그날
가슴을 훑고 지나갔을 바람
머리 위에 세게 꽂힌다
뼛속 진액을 뽑아내는 영하의 새벽
성물이라 불리는 번쩍이는 집기들보다 질 좋은 음향기기보다
내 영혼의 값이 궁금하다
장발장의 몸값은 얼마였기에
미리엘 신부는 은촛대를 내어 주었을까

죽은 자들의 영혼까지 구할 수 있던 면죄부의 위력이면
거대한 우주 속에 미아로 버려진 영혼까지 소망이 있을 법한데
발밑에
제 몫을 잃어버린 채 5일장 서듯 문을 열고 닫는
웅장한 예배당 건물이 밟혀 있는 건 아닌지

"하늘이 열려 있는 땅"에서 보낸 그의 편지들이
몸을 바꾸기 시작한 길 위에 홑씨로 떨어지고
부음이 있던 날
그가 바꾸어 놓은 길 위로 부산한 걸음들이 이어졌다

고개를 빳빳이 들고 대들며 어둠 속을 달려온 길

건물 더미에 깔린 희미한 음성으로 몸을 뒤틀기 시작한다
"한 영혼이 천하보다 귀하다."

여름 한낮

온몸의 세포들이
축축 늘어지는 끈적함 때문인지
다혈질 슈퍼마켓 김씨는 반쯤 웃통을 벗은 채
그늘진 평상에 널브러져 있다

요 며칠 열풍을 만들어 대던 공원 느티나무가
그마저도 손을 놓고 휴업중이다

폐지를 주워 모으는
노파의 굽은 등이 드러난
착 달라붙은 초라한 곡선이 서글프다

살수차가 지나가며
흥건히 물을 뿌려도
화를 가득 품은 아스팔트를 누그러뜨리기에는
역부족이다

재개발 중단이다 재개다
연일 무성한 소문이
가뜩이나 뒤숭숭한 버려진 민심을 할퀴고
시뻘겋게 휘갈겨 쓴 현수막 문구의 살벌함은
마지막 남은 자존심이라도 지키려는 듯
흉흉한 철거 흔적 뒤에 버티고 서 있다

하루에 한두 차례는
어김없이 쏟아붓는 소나기만
변해 버린 민심을 대신하며
낯설음을 익숙하게 한다.

찔레꽃 외 1편

오 희 창

아침이슬 함초롬히 먹고
피어오른 찔레꽃이
보릿고개 울타리 아래 숨은
어머니 허기를
덮었다는 것을….

살포시 열린
저고리 앞섶 사이로 드러난
눈부신 속살을
보고 알았다

통통한 자식들
살 냄새에 찔레 향이
젖어 있는 걸 안 지는
그리 오래지다.

코스모스

한 줌도 안 되는 허리로
태풍을 잠재운
절개節槪여!

실오라기 목으로
태양을 삼킨
단심丹心이여!

해맑은 얼굴 활짝 열어
하늘을 담은
청순淸純이여!

햇빛 엷어지면 활활 태워
영롱한 사리舍利 몇 알
남기는 사랑이여….

침묵의 향기 외 1편

우 금 수

먼 훗날의 행운을 꿈꾸며
보물을 찾아 헤매던 청춘의 뒤안길
낙조의 서글픔에 마음을 실어
상실의 아픔 속에서
생기 잃은 조화의 모습으로
팔색조 울음이 안겨 주는
침묵의 소리를 듣는다

'침묵은 금이다'
침묵 속에 흐르는 지혜로운 향기
청산옥류青山玉流로 흐르면
황홀한 빛으로 타오르는 언어의 물결이
영생의 봄빛으로 소생하여
흙탕물 속에서도 피어나는 수련을 본다

자아를 성찰하는 부처님 모습으로
탐욕을 털어 버린 빈 마음에
침묵 속에 뿌리내린
'로이 리히텐 슈타인'의
'행복한 눈물'을 듣노라면
마음은 새벽녘 옹달샘
침묵은 황금보다 값진 맑은 평화.

독거노인

머리 곁에 싸락눈 뿌려
백발을 심어 놓고
내 청춘 세월 따라 멀리 갔는데

별빛이 출렁이는 밤바다를 보며
흙집 한 채 눈에 어려
그대 곁에 눕고 싶은 날은
한 줌 부엽토 될 낙엽의 시신이 되어
쇼팽의 '즉흥 환상곡'을 듣는다

마음엔 골 패인 주름살
얼룩진 검버섯 지문 선명한데
보고픈 내 분신들 눈에 밟히고
타오르는 갈증에 샘물이 그리워지면
흘러간 옛 노래에 설움을 실은
불면의 밤은 길었다

사랑하는 그대 날 버리고 가듯
어차피 인생은 홀로 가는 것
햇빛이 차단된 시린 그늘에서
나 홀로 독백을 삼키며
고뇌로운 일몰의 서글픔을 본다.

사랑의 기억 외 1편

우성영

그 사람 그리우면
매화꽃 한 가지 피었던
그 찻집 찾아갑니다

계절은 흔적을 지우려 하고
사랑의 기억은
희뿌연 연무 되어
눈시울에 한 방울씩 매달립니다

마주 잡은 실타래를
다 풀지 못한 두 마음

당신과 나의 사랑은
등불을 끄고 기약 없는
유랑의 길을 떠났습니다.

매미 우는 소리

말매미 보리매미가 울어도
홀로 울든 합창을 하든
인간 세상 천지개벽의 징조는
아득한 강 저 너머인데
계절풍이 불어오는
이토록 소란한 한낮에도
아비는 가슴앓이를 잊은 양
동구나무 밑 들마루 위에
낮잠 잘 돗자리를 펼치며
체념하는 최면을 스스로 걸고
두통 앓는 젊은 아들은
역순逆順의 진실을 찾으러
현판 즐비한 정자에
홀로 오르락내리락
눕기도 하고 앉기도 하면서
혼탁한 열기 쏟아내는 한낮
공존의 의미를 힘겹게 터득해 간다.

나목裸木 · 20 외 1편

우 홍 순

찬바람
불어와서
알몸으로 설 수 있다

지심地心에
발을 묻어
얼음도 무섭잖다

한겨울
그 준령 넘는 모습
열반涅槃에 든
장립불와長立不臥.

가을 · 1

끈끈한 열대야가 길목을 막고 있어
선들바람 소걸음으로
조심조심 다가와서
의사당
정문 비상구에서
머뭇거리다 지치고

때 없이 부는 광풍에 멍드는 정원수들
공약한 일 없어도
마무리 말끔한데
여의도
일급 정원사들
가위질이 서툴다.

빨래터의 굿판 외 1편

유｜경｜환

해탈의 문을
여는 곳인가 보다
옷을 빠는 것인지
마음을 닦는 것인지
스트레스를 푸는 곳인지
희로애락 장단 굿하는
날인가 보다
누구 누구넨 어떻대
입방아도 찧고
방망이로 마구 패대고
한바탕 푸닥거리를 한다
시원한 물결 따라
옷의 때도
맘의 때도
씻은 듯이 떠내려간
세심정洗心亭일레라
섹시한 엉덩이 춤사위로
굿판을 벌이는가 보다.

살풀이 노래

어라하 만세
어라하 대감
소복 치마 속에
큰 북어 감추어 두고
두 눈을 부릅뜬 채
변강쇠 춤을 춘다
이놈들아 물러가라
굶어 죽은 귀신이냐
억울하게 죽은 귀신이냐
몽달귀신이냐
손각시냐
너도 먹고 떨어져라
너도 먹고 지구를 떠나거라
망나니 칼 춤사위로
열십자 크게 그리더니
한가운데 '코옥콕'
커다란 긴 칼을 꽂았더라.

다뉴브 강 외 1편

유 소 례

연초록 주단을 풀어 하늘하늘
실바람에 은별을 수놓는 체코의 다뉴브 강,
부다(구시가지)와 페스트(신시가지)의 척추를
감돌아 율동하며 흐른다

무녀의 신귀 내린 손처럼
유람선이 하얗게 수면을 가르고
맑은 하늘과 구름이 차일을 친 갑판에 앉아
부다페스트의 시가지를
가슴 벅찬 숨결에 영사影寫한다

어부의 요새 마차시 교회 왕궁 국립미술관
명성 높은 대학가 전통과 문화가 배인
강 언덕의 수려한 건축물들이 육중한 자태로
나라의 역사를 뽐내는 듯,
마음 한 자락 부러운 투정을 해본다

8개의 다리가 부다와 페스트를 연결하고
그중 전설이 있는 웅장하고 특색 있는
'사자의 다리'는 명성이 높은 조각가가
사자 두 마리를 완성한 뒤 살펴보았던 바
혀가 없음을 알고 명예 손상의 고뇌 끝에
자살했다는 소문이 전설이 되었다고 한다

다시는 올 것 같지 않은 체코,
내 맘을 뛰게 했던 다뉴브 강의 유연한 매력,
아쉬운 정을 묻어 놓고 돌아선다.

고향 옛이야기

고향은 낡은 누더기 벗고
서양풍으로 물들인
변두리 치레만 했구나

중앙통 닳도록
발걸음 누비던 큰 십자로가
옛것 그대로인데
허술한 골목길 같아 씁쓸하구나

그 거리 아직도 즐비한 구멍가게
낯선 아재들은
그때 그 후손들인가!
모두가 흙이 되었나! 낯설구나

건너편 오개오개*
머리 조아린 콩나물장사 틈에
눈딱부리 내 둘째 언니
보고파 눈시울 뜨거운데
콩나물 사라 하네
이 아짐도 손도 크고 사투리도 푸짐하구나.

※오개오개: (전라도 사투리) 귓속말하듯 어깨를 대고 앉은 상태

끝을 맺지 못한 시 외 1편

유 승 배

완성하지 못한 채
컴퓨터 속에 갇혀 있는
시가 있다
펼쳤다가 그냥 덮으니
일부러 끝을 맺지 않는 것일지도
모른다

어느 날
향기로운 꽃을 보고
고독한 나비의 춤사위를 보고
어울리는 단어를 찾을지 모르지만
끝을 맺지 못한 그 시가
내 친구의 인생을 닮았다는 생각이 든다

그는
애지중지하던 딸을 출가시키지 못하고
이 세상을 떠나고 말았다
미완성의 시로 남겨진 딸
시집갈 생각이 없다고 외치고 다닌다

내 친구가 남겨 놓은 미완성의 시는
삶의 의미를 찾아 전국을 돌아다니고
내가 쓴 미완성의 시는

컴퓨터 속에 갇혀
때를 기다리고 있을 뿐이다.

사死의 찬미

창밖에 눈 내리는 날
꽃 잃은 화초를 바라보다
그 앞에 쪼그리고 앉아
삶과 죽음에 대한 대화를 나누었다

추운 겨울 뿌리 썩어 앓고 있는 모습
애처로워 보였는데
제 몸, 일부를 버려 가며
다가올 봄 기다리고 있단다

꽃을 잃은 슬픔은 잠깐
바람 불면 다시 꽃으로 피고
낙엽은 뒹굴다 갈가리 찢기어도
언젠가 푸른 생명 다시 돋는 법

사死는 슬프지 않다
생生도 흥겹지 않다
때를 따라 순환하고 있을 뿐
쓸쓸히 진 꽃의 죽음
찬양하지 못할 이유는 없다.

안경을 닦는다 외 1편

유후남

내 안경은 늘 뿌옇다
손때가 묻어서
빗물이 튀어서
온갖 더러움이 묻어 있다

날마다
하루에도 몇 번씩
닦고 또 닦는다

내 마음은 어떻게 하나

보이지도 않고
만져지지도 않는
서러움, 노여움, 미움….

유리알처럼 속이 훤히 들여다
보이도록
마음까지 닦이라고
오늘도 안경을
빡빡 문지른다.

거지 왕자

내가 가장 편안한 곳
폐품 더미 속이다

그곳에서는
더 많은 기능 멋진 모습의
딴 놈 등장을 걱정하지 않는다
지구별의 거품 사랑에서
추락하지 않는다

멋진 내 몸에
생채기 나지 않는다
이미 만신창이가 되었기에

하지만
난 스마트폰이다.

세상살이 외 1편

윤갑석

살짝 쉬다가 스스럼없이 떠나는 바람이듯이
그 인연 되돌아와 지친 몸과 맘을 기대어도
그 자리 그대로 하릴없이 내어 놓는 저 꽃잎
기쁨의 순간과 슬픔의 눈물 뒤범벅된 그날
하늘하늘 떨어지며 앙가슴을 치던 세상살이

바람과 꽃잎처럼 이 땅에 살아가는 모든 것
얽히고설킨 칡넝쿨을 그렇게도 곱게 빼닮고
어디에서 어떻게 오가는지 언뜻도 모르면서
눈곱이나 아는 척 울고 또 웃으며 휩쓸리며
쳇바퀴처럼 돌고 돌아가는 멍멍한 세상살이

엊그제 빠져나와 주먹 쥐고서 서러운 울음
자고 나면 서리는 쌓여 가고 깊어지는 주름살
베갯머리엔 소금처럼 굳어진 하얀 배냇냄새
기억은 희미해져서 처진 눈두덩 껌뻑거리며
저녁놀 즐긴다고 뒤뚱거리며 걷는 세상살이.

폭염

삼베옷 차림으로 부채 하나 달랑 들고 나와
찜통더위와 맞서 보겠다는 생각은 어불성설
다리 아래 그늘은 팔순 노인들이 차지하고
골짜기 시냇물은 개구쟁이들의 놀이터라네
하루살이들은 한풀이하듯이 아우성을 치고
평생 원수 모기 쫓는 일은 참말 짜증스럽소

늘어지게 낮잠 즐겼더니 밤잠은 오지 않고
애꿎은 맹물만 벌컥벌컥 들이키는 이 시간
차라리 애살스런 너를 애기 다루듯 달래며
창문 열고 불어오는 골바람이나 마셔 봐야지
어쩌랴 오늘이란 하루는 세월 속 갈증인데
내일이면 나아지겠거니 애달픈 시부렁거림

이런 때면 제발이지 사라졌으면 하는 것들
폭염 속을 냅다 휘몰아치며 달리는 폭주족
아스팔트 녹아난 길 질펀하게 소음 뿌리며
히히거리는 꼬락서니 밉상스럽고 안쓰럽다
세상엔 작아져야 할 소리들이 너무나 많고
없어져야 할 몸짓 또한 모래알로 널렸구나.

윤갑석

나는 누구인가 · 46 외 1편
— 보춘화의 갑甲을 맞아

윤 한 걸

입춘立春 우수雨水 지나고 뜨거운 정情으로
보춘화報春花 꽃 잉태孕胎하더니
새롭게 봄의 꽃을 활짝 피웠다
밝고 화사한 꽃 향기香氣를 풍기며

지난 38년 전 단칸셋방 14만 원으로 시작하여
그 많고 많던 여름 겨울을 빨랫줄에
내걸던 그 세월이 주마등처럼
뇌리를 떠나지 않는 세월과 시간들

우리는 웃으며 붉은 등 파란 등으로 조절하며
오고 간 수많은 시간 파란 세월을
적색등 속으로 다듬으면서 보낸 날들
무엇이 우리를 웃고 살찌게 했을까

내 반 쪼가리 몸뚱아리 김해金海 김씨金氏
먼 산을 울리는 생면부지의 외로움도
마음의 심지에 촛불을 켜고
행복幸福처럼 밝아 오는 날들을 그리며

이제 우리의 삶은 영글어
황금알을 풍성하게 대지 위에 내려놓는다
나의 가슴속에 있는 우리의 자식들 둘

남매를 길러 다 짝을 찾아 분가하여

그 핏줄이 행복하게 뛰노는 것을 보고 있노라니
나의 뿌리는 목마른 듯 새싹을 잉태하고
그러나 문학文學에서 기다림은
인간의 단순한 심정心情만을 기다리는 것이 아니다

외로운 나그네가 모험冒險하듯 밟고 온 그 발자국
야속했던 그놈의 세월도 따라오고
그 시간 위로 까닭 모를 바람도 스쳐 간다
고달픈 나그네를 다 어디로 데려갔나

검은 머리 파뿌리 되도록 함께 하자던 당신
이제 환갑還甲의 나이에 파뿌리 되니
내가 삶이 무디어 항상 죄스런 마음으로
내 그대를 영원히 지켜 가리라.

나는 누구인가 · 50
―손자 별이의 탄생

지난해 오월의 신부였던 며늘아이
임진년 그 싱그러운 오월의 끝자락에
오색 장미가 만발한 5월 25일 밤 11시 42분
별이의 탄생 함성이 미래여성병원을 울렸다

흑장미의 화려한 웃음 속에 할아버지 내외
이틀 08:00 아침을 찾아가도
눈 한번 맞추지 못하고 평온한 세상을 꿈꾸는 별
별아 이 할아버지 할머니 다녀간다

그놈 잘생겼다 했던 첫날 아침
외할아버지 내외도 오시고
열 달 동안 너를 배에서 키운 너의 엄마
배 아팠던 산모는 얼굴이 부었다

별아 튼튼하고 훌륭하게 자라
미래의 이 땅의 빛이 되거라
하늘은 청수정淸水晶처럼 맑다
눈웃음을 띠고 나무는 녹색을 자랑하고

별아 너는 우리 집의 장손이니라
앞으로 파평 윤씨 가문에 대를 이어 지켜 가야 하는
막중한 책임을 지고 있느니라

그래 무럭무럭 자라서 이 땅에 빛이 되거라

그동안 따뜻한 엄마 품을 찾아
너의 외가에서 2주 동안 외조부 외조모의
보살핌 속에 잘 지냈니 사돈이 고생하셨다
그래 이제부터는 여기가 너의 집이니라 암

별아 별아 우리 집의 경사이니라 4개의 이름 중
한 달이 되어서야 너의 이름을 결정했구나
너를 한 달 삼 일 만에 할아버지 집에서 증조모 조부모가
맞이한다 우리 집의 장손 건호健豪야 잘 자라거라.

10월의 농막 외 1편

이 근 구

10월엔
해님도 단축 수업을 하는가?

서두는 바쁜 일손
이내 황혼을 접어

풀벌레
구성진 연가
시린 가슴 훑는다

휘영청
달이 밝으면
농막은 묘적妙寂의 고요

다정한 묵언의 뜻이
시심의 날을 세워서

이 하루
무탈한 은총
모니터에 그려 본다.

천지를 바라보며

이름도
낯선 장백
힘에 밀려 내준 영산靈山
신화神話도 빛을 잃고 군화軍靴에 짓밟히고
들꽃만 제철을 만나 천지에 수를 놓네

정화수
받쳐 들고
기원하는 백두 연봉
언젠가 다시 찾아 태극기를 휘날릴
하늘엔
칼새 몇 마리
그리움으로 날고 있다.

유월의 풀씨 언덕·2 외 1편

이근모

우듬지가 무성한 유월이 오면
풀씨들이 길을 가득 에워
녹색 나라 씨알들을 쏟아낸다

그 녹색 생명 나라와는 달리
유월의 언덕 위에
6·25 동족상잔 총구를 겨누어
같은 민족 우듬지를 싹둑싹둑 잘라 버린
상흔들이 널브러져 있다

유월의 언덕에
풀씨들은 제 종족 번식을 저토록 퍼뜨리는데
조상이 물려준 우리 민족 종족은
육십 년 부끄러운 역사를 더럽히며
변이종 사상 교육이나 꾀하고 있다

나는 유월이 오면
6·25 통한의 언덕에서
녹색 풀씨를 떨어내며 걸어간다
통일 씨알을 맺지 못하는 우리 민족을 슬퍼하며
탄피 같은 껄끄러운 풀씨들을
신발 가득 담으며 걸어간다.

이슬 밭의 풀매기

폭염주의보를 내린 나날이지만
식전 일찍 밭에 나가 풀을 맨다
불볕 태양이 나무꼭대기 올라와
폭염을 휘두르기 전에
곡식밭 그늘 밑에 숨어서 풀을 뽑아낸다

논밭 곡식들을 가꾼 만큼 무럭무럭 자라 주지만
이슬 맺힌 아침인데도 땀이 난다
아침 땡볕이 등줄기에 올라타 성화를 부릴 때까지
아침이슬 그늘 속에 숨어서 풀을 맨다

텃밭에 맺히는 땀방울과 이슬방울은
여름 아침 내내 푸성귀 건강 끼니로
은구슬 목걸이를 함초롬히 달아 준다.

울돌목 뜰채 외 1편

이 근 보

상큼한 봄날 울돌목에 엄청난 숭어 떼가 몰려온다
뜰채 한 번에 10여 마리가 잡힌다
숭어 따라 나온 그림자 하얀 혼백 건져 낸다

썰물인 바다가 쏴쏴 소리 내어 울면
흰 파도 소용돌이 속 알배기 숭어 꼬리치며 맞대고 비빈다
썰물 거슬러 올라 와류 되면
물 반, 고기 반이다

물살이 사나워지면서 뜰채를 잡는 손길이 바쁘다
거슬러 오르는 습성 이용해
연안으로 오르는 숭어를 건져 올린다
물가로 오는 숭어를 쳐 올린다

울돌목, 역사의 바다에서 뜰채를 쥐고 서서 호령하는
왜군 몰살시킨 이순신 장군의 거북선이
목을 내민다

숭어, 가시 지느러미 비늘 떼고
가로 잘라 봉숭아 무늬
회膾 한 접시 꿀꺽 군침 삼킨다
알집 어란 참기름 발라 서너 번 그늘에 숙성 기다린다

단풍이 곱게 물든 날 아침 무서리가 온 누리 분칠하면
갓 자란 새끼들이 울돌목에 도리방석 도리도리 동어로 뭉친다
뜰채 꺼내 미소 짓고
만지작만지작 그물 손질한다.

감성돔

등지느러미 부채[扇] 곧추세우고 망연자실
힘센 추적자에게 쫓기는 가련한 신세
칠흑 같은 체크 문신 위장하고 도망치는 감성돔
4촌인 색깔 빛나는 붉은돔, 살코기 맛이 좋아 횟감으로
우선 찾는 아프리카 코뿔소 흑돔보다
왜소하고 뼈만 앙상한 나를 하필 노릴까?
그래도 소금구이로는 오독오독 씹히는 맛이 그만이라나!

음력 2월 초 영등철부터 구시월 도지기 지나 싸락눈 보일 때까지
뒤를 쫓는 추적꾼 피해 간난의 위험을 무릅쓰고라도
내 뱃속에 든 수십 마리용 정액을 살살 애무하면서
사랑하는 짝꿍을 만나 방사 직전 황홀을 꿈꾼다
만삭인 나는 빠른 물살 후미진 곶부리 휘몰아 넘고 넘어
산모産母가 좋아하는 미역밭에 사는 작은 먹이 눈짓 새긴다
가두리 양식장 사료도 기웃거린다

봄 바다 풀 섶에 퍼질러 논 알에서 살아남은
작은 새끼들 데불고 또다시 감생이 우리는
시베리아 설한풍 계절풍 따라 점령군 대오 지어
깊고 따스한 모해母海로 의기양양 회군 길 오른다.

가던 길 외 1편

이 기 종

동산 하나 지나고
개울 하나 지났다고 생각했는데
걸어온 길 뒤돌아보니
너무 멀리 와서 되돌아갈 수 없네

내가 만든 성은 모래성뿐
꿈도 야망도 바람에 쓸려 갔나 봐
하늘의 달은 기러기를 부르고
또 보내고

가던 길 자국마다
괴로움 외로움만 있을 뿐
보이는 것은 없고
별들의 속삭임만 들리네

내 가던 길에는
아쉽고 안타까움만 쌓아둔 채
못다 한 사랑을 아쉬워하며
아름다운 미래를 꿈꾼다.

추억

썰물로 가져간 아련한 추억
버릴 수 없어 밀물로 돌아오고
바람처럼 미련 없이 떠난 그대
돌아올 수 없는 추억으로 가슴에 묻는다

그리움은 외로움 때문인가
가슴이 쪼이는 듯 보고 싶은 그대
돌이킬 수 없는 세상사
추억을 안고 몸부림쳐 본다

위로가 될 수 없는 가련한 외침
보고픔만 절절한 채
지친 세월 속에 몸부림치며
그대를 추억 속에 묻어야 하나.

폴 세잔의 '나무와 집'을 그리는 동안 외 1편

이 동 근

폴 세잔의
'나무와 집'을 그리는 동안
선생님은 종려나무 잎으로
집을 짓고
웅얼거리는
시심詩心을
굽어보고 계셨군요!

그래요
가뭄으로 거북이 등처럼 갈라진 논바닥은
논두렁을 손질할
농심農心을
처참히 뭉개고 있네요

지는 해 저쪽으로
놀은 물들고
불콰한 꽃들의 웅얼거림은
갈라진 거북이 등처럼
이 마음도 붉게 물들어 가네요

그래요, 선생님이 계시는 그곳에
종려나무 꽃은 피어
기쁨에 찬 시심을 어루만지며

선생님은 종려나무 잎으로
집을 짓고 계셨군요

폴 세잔의
'나무와 집'을 그리는 동안.

소라 껍질의 공명共鳴

파도가 쓸고 간 백사장에
존재의 소라 껍질이
화석으로 남아 울고 있다

존재의 영혼은 소문만 무성하고
오늘은 뱃고동이
소라 껍질을 대신하는데

바람은 소라 껍질의 존재를 확인하기 위해
소라 껍질을
휘돌아 나올 때

존재의 소라 껍질은 파도에 밀려가면서
화석으로 남아
영혼의 소리로 소영嘯詠, 소영嘯詠,

산골 풍경 · 450 외 1편

이 명 우

자박자박
한밤중에 들려오는 발자국 소리
문 앞에 와 멈추더니
불빛 보고 찾아왔어요

애기 귀신이
길을 잃고 헤매이다 예 왔단다
에처러워라
얼마를 헤매었길래
내 품에 안겨 잠이 드는가

터벅터벅 발자국 소리
우리 애기 여기 있어요
고맙습니다 인사하며
잠든 채로 안고 가는 엄마 귀신
돌아서는 뒷모습이 사람 같아라.

산골 풍경 · 451

비 내리는 오후 2시
상여집이 들썩거린다
선거 유세에 모여든
빽빽히 들어찬 귀신들

저승에도 국회의원 선거가 있고
좌파와 우파가 있다네요
인신공격이란 고함
날조된 음해라는 야유

귀신들의 패싸움도
보통이 아니네요
뼈다귀가 날아가고 해골이 날아가고
와장창 상여집도 부서지네요.

웃음꽃 세상 외 1편

이문재

푸른 깃발 펄럭이며 안락하게
행복을 만끽하는
웃음꽃 세상
파랑새 정답게 윙크하며
사랑을 노래한다

비둘기 떼 나는 따스하고
신비한 천지
풍년가 리듬 맞춰 춤을 추며
영광의 미소 짓는다

오매불망 갈망하는 포근한
웃음꽃 세상
무지갯빛 찬란한
꿈을 꾸면서.

사리원역

경의선 완행열차 기적 소리 요란하게
사리원역을 떠나
청계역에 다다를 때쯤이면
어머니께서 마중 나오셔 기다리신다

이제는 아내보다 젊으신
예전 모습 그대로
아버지 돌아가실 때 연세보다
더 나이 들은 나를
미소 지며 마중 오신다

완행열차 타고 퇴근하는 나를
3·8선을 넘던 그날 바래다주시듯
동구 밖까지 나오셔 기다리신다
이북 고향에 홀로 남으신 채
생사조차 모르는 어머니 영혼이
꿈속을 더듬어 하나뿐인
아들 집에 오셔서 기다리신다.

촛불 외 1편

이상화

저를 위한 기도는 한 적 없었다
꽃길을 밝혀 비로소
생명의 문턱을 넘는다
절벽에서 만난 혼불은
바위를 깎아 바람을 잠재운다
실핏줄 부여잡고
조여 오는 운명 앞에서도
희망을 꺼버릴 순 없었다
널린 아픔은 늘 제 것이 되고
뼛속까지 우려내 순간을 살려 내고

자식 도리도 부모 도리도 제대로 못하면서
달다 쓰다 말만 많았던 나
한 뼘의 등불도 외면한 적 많았다
태워서 태워서
온전할 수만 있다면
녹이고 녹여서
채울 수만 있다면
애면글면 산 오늘도 연둣빛 낙원일 테지
혼돈과 불의가 판치는 세상
흔들림 없는 맨몸은
저 홀로 열반에 든다.

살이 살아난다

소나기에 청아한 하늘이 열리듯
내게도 그런 날 있다
일상에 짓눌려 가라앉고 싶은 날
몇천 원짜리 목욕으로
돌파구를 찾을 수 있을지

언제나 울퉁불퉁한 속살
생의 굴레로 감고 살았기에
벗겨 내기도 만만찮다
한때는 살아 내기 위해
몸부림쳤던 땀이었는데
때 없는 세상을 향한
비누의 사명은
그 어떤 종교보다 피부 깊숙이 스민다
스스로 고백하고 스스로 순결해지는
우주를 담은 모든 살들은 눈물겹다

맨몸에 말끔한 사계가 흐른다
또다시 움트는 삶이
오답투성이가 될지라도
지금 나의 순간은 천국이다.

나로부터의 자유 외 1편

이 선 영

향기로운 사랑
꽃은 열매는
아름다운 은혜여라

강江은 물길 섬기는
흐르는 평안
산山은 존재함으로 감사여라

임을 향한
가장 낮은 허리는
흙의 거룩한 겸손이거늘

생生을
자유의지로 구속하려는
나는! 오만한 거인

보응에 반응하는
편견은 내 안의
욕망을 향한 집착이었네.

여름나무

여름이면
청춘으로 회귀하는 나무

사나운 폭염으로
숲이 하얗게 달궈지는

밤에도
파란 그림을 그리는 것은
스스로

광야曠野로
들어가기 위한 거룩한 몸짓
벌거벗고

한겨울 바람을 견뎌 내기 위한
차가운 정열.

녹음 오케스트라 외 1편

이 수 일

유월의 어느 멋진 숲 속
대자연 오케스트라 연주입니다
가느다란 바람 한 점에
떡갈나무 잎이 서걱입니다
이윽고 조금 더 큰 바람이
내리불다가 치불면서
솔잎이 사각입니다
마구 뻗은 솔가지가
긴 팔을 이리저리 흔들며
신 나게 춤을 춥니다
덩실덩실
다른 나무들도
덩달아 춤을 춥니다
산 아래 암자에서
때 맞춰 풍경이 웁니다
염불 소리 목탁 소리
음악이 아주 멋집니다
짙은 녹음 속
오케스트라 연주곡에 취해
그만 잠이 듭니다.

속살

그곳이 얼마나 신비스러운지
그곳이 얼마나 아름다운지
남자가 목숨을 거는 그곳
태초에 남자들이
함부로 범할 수 없었던 신전
치마 속 깊이 간직한 속살
은밀한 그곳에 족보들 들먹이며
너의 후계자를 만들려고?
남자야! 아서라!
그 깊은 바다 속엔
전설의 조개가 산단다
잘못 들어가면 죽어!
태양엔 타 죽지만
감춰진 달에는 삶겨 죽어
맹랑한 남자야
치마 속 미로에서
비참하게 죽고 싶으냐?
조개가 살고 있는 바다에
빠져 죽어 버려라.

월광곡 외 1편

이 순 우

달이여!
저 밝은 달이여
내가 그대를 누구보다 더 많이
사모하노라

달님은 대답 대신
얼굴 붉히며
두 손 쫙 뻗어
나를 감싸 안는다

저 달나라
우리 조상님들
어떻게
계수나무 심을 생각을 하셨을까
이태백이 술 한잔 시 한 수
시인들과 함께하고
사랑하던 내 임도 그곳 계시겠지

나는 우리 교회 앞뜰 계수나무 거목 밑에서
잎새마다 하얀 우울을 매달고
시 한 수 걸어 놓는다.

호박죽

둥근 달이 떠 있다
엊그제 우리 밭에서 따 온
커다란 늙은 호박덩이다
달 속 어머니 얼굴이 포개어진다
내 유년에 쑤어 주시던 호박죽
어머니께 전수받은 솜씨로
오늘 내가 만든 호박죽
먹는다
어릴 적 기억을 퍼먹는다
어머니 눈물을 퍼먹는다
그리움과 따스한 정을 먹는다
남창으로 무단 침입한 달빛 가루
함께 먹는다
호박죽처럼 달콤한 어머니 사랑이어라.

장독대 외 1편

이 양 기

언제 적
항아린가
투박하다 타박하나
볼품 따라 줄지어서
해를 넘긴 동이마다
정성은
맛으로 남아 구수하니 그립다

가득 고인
아침 햇살
장독대에 살풋하여
올망졸망 질그릇을
고루 불러 다독이니
한나절
따순 바람에 깊은 맛 우렸구나

십수 년
장독 울에
묵은 가지 떨구더니
올해도 매화꽃은
제 철 몰라 피었는가
잔설은
겨울로 남아 옹기 틈을 헤맨다.

술

골목길
들어설까
돌아서니 낯이 익어
하루란들 거를쏘냐
버선발로 반기나니
고운 임
남실 술잔에 신선인들 부러우랴

권커니
자커니
시간은 뒷전이요
귓전을 볶아 대던
아침나절 넋 나간 푸념
주머니
제 빈 줄 아니 술안주로 제격이라

세월을
짓이기며
난도질을 한다 한들
미친 듯 부어 대도
텅 빈 뇌는 허전하니
갈지자
막힌 세상에 홀로 젓는 나룻배라.

미련 떠는 아름다운 추억
―사랑달은 자귀의 自歸依로

이 우 재

얼마나 괴로우면 보고 지고 눈물 짜며
"아프면 연락 주오!" 마지막 한마디가
참고 또 몸부림치다 미련 던진 울화통

뉘라서 막을 건가 '아름다운 그 추억들'
하얀 눈 추위 떨친 봄꽃 낙화 밟고 딛고
막막한 세월만 가나 미련 떠는 그리움

밤낮을 왜 이럴까 오고 가며 떠올리나
맴돌다 방방 치며 아픈 가슴 쾅쾅 치나
고운 정 머리 통로길 '들쭉날쭉 꼬집다'

예쁜 정 미운 정도 참사랑 달꽃 향기로
밝은 맘 미운 맘도 인정사정 훈훈하게
'물·바람 맑게 속삭여' 탐욕 버려 살 거다

금金 주고 받은 사랑 여심 달랜 정든 마음
은銀 받고 주는 사랑 '남심 떨친 미련일랑'
참사랑 아름다운 꽃 믿는 마음 참삶을

세월도 바람 물고 마구 흘러 아픔 불어
'미워도 다시 한 번' 뜨거운 정 녹여 가며
날 두고 가는 사람을 생각 잡아 맬 것을

상사병 오고 가며 열병 만병 딛고 서서
못 잊어 왜 이럴까 '그리움만 떠갈까'
매달려 사랑한다고 메아리친 산울림

청천아 불러 본다 푸른 하늘 아리랑아
해와 달 비바람도 '모질게 그리다가'
사랑 배 한강물 타고 빈손 나눠 떠가다

생계형 곧게 세운 둘둘 행복 집을 꾸려
건강 찬 백수 만세 생활 문화 곱게 가꾼
'우리들 떠날 수 없는' 축복 받은 온돌방

밀어 짠 스무고개 수수께끼 연심 풀이
알뜰한 사랑 따라 청춘 설계 곱게 세워
'한바탕 지상 연분도' 사주팔자 꿈 펴다

북한산 기도밭로 '두 손 모은 청수천아'
자명등自明燈 굽어 합창 정성 다한 불상 앞에
법명등法明燈 하늘·땅·사람 사랑 담은 자귀의自歸依

칠갑산 올라올라 청풍명월 높이 떠서
내 고향 충청도유 첫눈 반한 주렴산아
'구름골 대천 바다비' 향숙일기鄕塾日記 정겹다.

된장 외 1편

이 유 미

젊은 사람은 모른다
인스턴트에 길들여진 혀는
오랜 세월 삭히고 삭혀 온
엄마의 마음 같은 묵은 장맛을 모른다

고된 삶 속 느린 걸음으로 살아온 세월
콩을 키워 메주를 쑤어
소금 부어 장을 내는 수행 같은 긴긴 과정
눈물과 한숨과 희망이 뒤섞여 들어가

긴긴 세월 비바람 막아 주고
따사로운 햇살 장독 안에 담아 두고
시시때때로 찾아들어
관여하는 듯 않는 듯 고승의 수행같이 갈고 닦아진 장맛을

어제는 비에 빗장을 잠그고
오늘은 따사로운 햇살에 문을 활짝 열어젖히며
갖은 세월 다 안아 들고 묵고 익어
제 맛 내어서야 한 소큼 안아들고 부엌으로 들여서

사랑하는 가족 위해 보글보글 끓여 상에 올릴
된장찌개에 뛰어들어 맛있는 진수성찬으로 거듭 나네
묵은 장맛 같은 깊은 사랑 나눠 먹고 피가 되고 살이 붙어라.

부처와 맞짱 뜨기

당신은
주어진 칠십 평생
상처 입고 상처 주고
피흘려 전사처럼 싸웠다

당신이 흘린 피가 흘러내려
당신 자신과 당신의 가족들을 더럽히고
당신이 토해 낸 되담지 못할 허망한 말들이
땅 위에 뒹군다 해도
여보야, 걱정할 필요는 없어

당신에게 주어진 대로
당신 가진 대로 그대로 토해 내면서 살기에
당신 아내는 당신을 천연기념물이라며
어떻게 그리 걸러지지 않고 다 토해 내고 사는지
속상하고 상처 입고 힘들었는데….

다른 이들이 다 변한다 해도
당신만은 천연기념물처럼
모난 모서리 그대로 담은 채
그렇게 남아 있을 거라고 그렇게 생각했었는데

당신은 처절한 전투에서 몸사려 물러서지 않고

장엄하게 싸우고 전사하였다
당신이 흘린 피를 자생분으로 하여 피어난
꽃은 더 크고 더 아름답고 더 향기롭구나

부처는 등 돌려 외면하고
비워서 도를 깨닫고
당신은 용맹한 용사처럼
정면으로 맞서 싸워 장렬히 전사했다.

부처와 맞짱 뜨기
나는 당신 손을 높이 들어 올린다
용맹한 용사여
당신은 싸움에서 이겼다.

능소화 외 1편

이은협

뼈마디 새겨진 비밀의 언어들
샛별처럼 빛나는데
임은 왜 오시지 않는가

그리움의 임 기다리다
죽은 외나무 타고 담장에 올라
오늘도 전하지 못한
붉은 그리움의 꽃 편지
골목길에 환히 뿌려 놓고

늘어진 달그림자로 뒤척이며
밤새워 새로이 쓴 사랑의 꽃 편지
지나는 바람에 전하려는가?

꽃이 된 소화의 영혼
넝쿨진 긴 팔 휘저으며
먼 골목길 바라보고 있다.

소망산 바람

어느 날 한 슬픔이
다른 울음을 내려놓듯이
뻐꾹새 소리 들리는 소망산
우뚝 솟은 고갯마루 무릎 베고
청순한 들꽃 누워 잠들어 있다

바람에 어린 풀들이
알 수 없는 어딘가로 끌려가듯
제어할 수 없는 그리움
한 줄기 바람으로 날아와
들꽃 얼굴 자꾸만 어루만진다

사랑은 끝없는 그리움인가
보고픔의 살진 애련함인가
그리운 마음 넘친 외로움조차
슬픈 아우성을 친다.

봉사가 보는 세상 외 1편

이 인 승

조용히
고요한 세상이다
할 말이 없는 세상이다

이곳저곳도 없다
보고 감탄할 것도 없다
욕심을 낼 것이 없다

체념하고 산다
내 주위는 좁다
항상 내 자리만 있다

요란한 소리가 들려도
나와는 상관없이
스쳐 버리고 고요할 뿐이다

봉사가 보는 세상은
단순하여
그냥 살아갈 뿐이다

두려운 것이 없다
부귀영화가 없다
가만가만 좁게 살아간다.

산골 집에서

가난하여 잃을 것도 없다
가난하여 가질 것도 없다
가난하여 세계 여행도 모른다
가난하여 신용카드도 없다

가난하여 옛 산골 집에서
옛 마음 감싸아 숨기고 산다
가난하여 시기 질투도 모른다
가난하여 풍성함을 모른다

가난한 만큼만
티 없는 맘으로 살아간다
산골 집에서
내 눈이 잘 안 보여도….

시각 장애로
내 눈이 잘 안 보여도
그냥 세상은 존재한다

그토록 보였던
섬세한 형상들이
대충 희미한 안개 속

차라리
이것이 삶인가 싶어
늙을수록 사라지는 세상

잘 보여
잡힐 듯 쫓아다니던 한때도
그런 것이 인생이었다 싶구나

내 눈이 잘 안 보여도
잘 보이는 이에게만
내가 장애가 될 뿐이다

내 눈이 잘 안 보여도
결국은 사라지는 인생인 것을
환하게 보이는 듯이 산다.

부부 외 1편

이재성

성격과 취미는
틀려도

인간의 본능은
생명의 자유라는
진리
하나 간직하고

너는 너대로
나는 나대로
길 찾으며

젊어서는 애정으로
중년에는 친구로
노후에는 보호자로
살아가는
소중한 동반자.

작수성례

아버지 영전에
정화수 떠놓고
두 사람 합일되는
청빈한 예식

우물에서 숭늉 찾듯
하관 전에
머리 올린
철부지 신랑 신부

그 언약
어제인 것 같은데
세월이 빚어낸
신부 머리엔
새치가 보이다니….

변방 외 1편

^{이룻} 이 정 님

비 오는 날은 차를 달이시게나

찻물 끓는 소리의 핵심 속
미움도 그리움도 한 갈래로 엉키는 연緣도
찻잎 몇 개를 띄워 주면
파르스름한 본질로 회귀하는 품성들

비 오는 날은 차를 달이시게나

너무 뜨겁거든
핵심에서 슬쩍 비껴 앉아도 좋다네
장렬해야 할 까닭을 넌지시 밀어놓고
자진해서 달아오른 다관을 쓰다듬으면
친근하게 밀착하는 찻잎의 숨결들

그것이 빗소리라도 좋고
빗소리의 갈피를 뚫고 찾아든
찰나와 영원의 교감 음音이래도 무방하다네
그대 귓바퀴가 파놓은 함정에
그 소리들이 빠져들거든
너무 깊이 받아들이지는 마시게나
깊으면 퍼낼 수 없는 상相이 되느니
너무 깊은 곳에 이르기 전에

왼손에는 찻잔을 들고
바른손 엄지와 검지로 소리의 꼬리를 잡아
일체무난사一切無難事로 잡아당기느라면
남을 것은 거기에 남고
끌려나올 것은 어김없이 끌려나온다네

비 오는 날은 차를 달이시게나
달이더라도 '달인다'의 핵심에 들지는 말고
변방으로 비껴 앉으시게나
비껴 앉아 '달인다'를 잊으시게나
'잊는다' 조차 잊으시게나.

오라비 전사 통지 받던 날

빛바랜 기억이 옹이로 덮인 흉터입니다
피난길 보따리에 묻은 어머님의 한숨 소리
통곡에 패인 화약 연기 자리에 눈물이 고이고
이 가슴 회한의 강에
오라비를 향한 사무침
붉은 꽃잎인 양 뚝뚝
아직 뜨겁게 흐르는데
세월만 저 혼자 훌쩍 반백년을 지났습니다

총탄에 뚫린 철모 녹슬어 뒹구는 전장에서
내 오라비 전사 통지 받던 날
뒤란으로 돌아가 소리 죽여 오열하시던
어머니—.

황새 외 1편

이 종 수

한가로운 강가에서 수면 위의 적막을
묵묵히 관장하고 서 있는
저 카리스마, 예사롭지가 않다
자못 진지하고 엄숙하다
주위 모든 것은 시방 숨죽이고 있다
태풍 전야처럼 고요하고 평화롭다
가당치 않은 허장성세로
적의 공격을 방어하고 제압하려는
다른 유類의 동물과는 달리
최대한 제 허튼 동작과 정체를 은폐하고
한 다리로 위태롭게 서 있는 균형미와 절제미
저건 생존을 위해 스스로 터득하고
단련시킨 가장 경제적인 일가견의 자세이리라
아무 말도 내색도 없다, 전장의 보초병처럼
정신과 시선을 집중하여 수중의
이동 물체를 샅샅이 파악하며
일발 필살의 적기適期를 노리고 있다
이를테면 호시탐탐이라고 해야겠지?
허공 중에 올렸던 긴 다리 어느 순간에 슬며시
내려 수중에 깊숙이 박으며
순식간에 붕어 한 마리
장총 끝 같은 날카로운 긴 부리로 낚아채어
입에 물고 있다

유유창천에는 백운도사白雲道士가
제멋대로 몽유도원도를 그리고 있는데
절체절명의 한 생명은
생사의 기로에서
안간힘으로 처절하게 몸부림치고 있다
그러나 창졸간에
하나는 먹고 하나는 안타깝게도 먹히고 있다.

세월

발도 다리도 없는 것이 손도 팔도 없는 것이
걸어오고 있다, 걸어가고 있다, 진군하는 군대처럼
눈도 코도 귀도 없으며 하물며 입도 없어
말도 하지 못한다, 액체도 아니고 기체도 아니다
그림자도 아니고 보이지도 않으며
더구나 흔적조차 남기지 않는다
그가 지나간 뒤에 남는 것은 생로병사의 현상뿐이다
낮인가 하면 밤이고 밤인가 하면 어느새 낮이다
봄이었다가 여름이고 가을이었다가 겨울이다
바람이야 불면 시원하고 나뭇잎이라도 흔들고 가지만
비야 내리면 살아 있는 식물들에게 생활 양식이 되고
냇물과 강물이 되어 바다로 흘러가지만
구름이야 한동안 형체라도 있어 변화무상한
추상화를 그리다 사라지지만
그림자야 잠깐 동안이라도 검은 형체로
지면을 밟다가 해가 지면 슬며시 없어지지만
그는 형체도 그림자도 없으며 소리도 없고 냄새도 없으며
만질 수도 없고 느껴지지도 않는다
그를 본 사람은 이 세상에 한 사람도 없다
귀신조차 그를 알지 못한다
빛도 아니고 색깔도 아니고 밝음도 아니고 어둠도 아니다
4계절 바람이 부나 비가 오나 서리가 내리나 눈이 오나
밤낮 가리지 않고 다만 앞만 보고 걸어간다

보폭은 언제나 일정하지만 계절에 따라 보는 사람에 따라
조금씩 다르게 느껴지기도 한다
온다는 소문도 내지 않으며 또한 간다는 기별도 하지 않는다
꽃이 피면 봄이고 단풍 들고 낙엽 지면 가을이다
혹 달력 장에 그의 이름이 숫자로 표기되기도 하지만
그건 어디까지나 사람들을 위한 것일 뿐이다
계절 따라 성좌의 위치를 조금씩 바꿔 놓기도 하며
블랙홀도 그 앞에서는 기를 못 쓰고 맥을 못 춘다
그 앞에서는 영원도 없으며 모든 것은 끝내 사라지고 만다.

사랑 외 1편

이 종 철

늪처럼 빠져드는 집착은
체내의 세포 하나같이
봄비 맞은 듯 촉촉이 젖어드는 느낌

알코올 중독처럼 마시면 마실수록
더 심한 갈증을 겪듯
입 안에 넣으면 넣을수록 쓰린 사랑

물결에 의지해 아무도 모르게
파르르 떨며 울고 있는 외로운 낮달처럼
광란의 시간을 보내고

편안, 익숙한, 정과 같은 마음으로
변해 가는 슬픈 사랑의 초상肖像
바다는 기억이 되어 흐르고
몸은 눈물이 되어 흘렀다.

우리 사는 동안에

사는 동안에 연緣이 닿으면
몇 번이나 마주칠까
그대 지나치는 골목길 지켜 서서
오늘도 말없이 바라본다

때론 만원 버스에
가슴 조이며 차창을 응시한 채
출근길 지하철의 그 플랫폼
그대 모습 볼까 서성이다
통 큰 열차에 떠밀려 숨소리 느낀다

그대 자주 가는 선술집에 자리하여
밤이슬 떨어지는 술병 들여다보며
우리의 사랑 아직은 뜨거워
버지니아 울프와 밤을 새운다

길거리에서 주운 행운처럼
우연과 함께 온 행복
우울한 프로이트는 잊자
그대 있음에 마냥 행복했노라

우리 사는 동안 운명처럼
몇 번이나 마주칠까.

어둠 속에서 핀 꽃이여 외 1편

이종화

맑고 잔잔한 너
네 정성은 늘
예쁘게 피어 주는 꽃이네

중후한 그 모습
제비같이 홀로 날아간 거리만치
존경의 고개가 수그러듭니다

어둠을 헤쳐 나가는 슬기의 빛은
요철凹凸길을 묵묵히 뒹굴어도
제 앞에서 부르는 화합을 채워 주누나

어두움의 일상에서
편안을 잊어도
눈빛은 예쁘게 맑아

걸어도 그 길은 어데론가 흘러가
낭만의 꽃밭만이 반기는
바라보는 눈빛들은 선망뿐

넘고 넘어온 밝은 빛이여
갈고 닦은 정성의 꽃이여.

왔다 가는 임들아

사철
눈비가 내려오면

소곤소곤 재잘대며 찾아온 세상
눈치 보며 이곳저곳 머문 물들아
결국은 제 갈 길을 찾아가지만

인연 찾아
샘이 되고 저수지 연못으로
저 멀리 끝 바다로 나가

풍랑에 파도에 여울에 실려
알고 나면 바람 같은 세상
어데론가 가지만 돌고 도는 세상아

편안한 세상이었다가
괴로운 꿈속이었다가
갈 때는 후회하다가
반성의 속죄를 하며 가는 세상아.

바람의 꿈 외 1편

이 지 언

수억 년을 기다린 착지의 꿈은 어디론가 사라진 지 오래
어디에도 정착할 수 없는 떠도는 운명을 가진 그의 살갗은
가끔씩 깊숙이 밀려오기도 하지만
나그네처럼 떠다니는 습성으로 인해
사하라 사막의 모래알과, 갠지스 강 위의 물살을 디디며
세상의 뜨거움과 추위를 모두 감싸 안고 떠돌아다닌다

아무 흔들림 없는 고요한 나라
정적이 깔린 침묵의 땅
그곳에서 대지에 엎드린 채 움터 오는 봄의 소리를 듣고 싶다
나무에 걸터앉아 은은히 다가오는 달빛에 몸을 맡기고도 싶
고….
허락되지 않는 시간이여

나를 세상으로 밀어내신 신이시여
당신이 주신 하루는
너무도 짧아서 잠시 기대어 쉴 수조차 없습니다
내가 얻은 건 보헤미안처럼 떠도는 일뿐
되풀이되는 시간의 연속으로 내가 얻은 건
먼지처럼 털어 내야 하는 버려진 아픔과 괴로움들을 쓸어 모아
세상의 변방으로 몰아가는 일
어느덧 지쳐 갈 때면
세월의 이마 위에 누워 가만히 귀 기울여 봅니다

멀리서 들려오는 당신의 잔잔한 일렁임 속에
내가 살아 있다는 생명의 속삭임을요.

별

밤하늘이 아름다운 건
남을 위해 대신 울어줄 줄 아는
영롱한 반짝임으로
가득 메워져 있음이다
가슴속에 고인 슬픈 추억의 우물물을
두레박처럼 퍼올려
눈물조차 메마른 영혼에 강물을 붓고

그대를 바라보면
왠지 뜨거운 가슴이 전해져 오는 듯
내 가슴도 뜨거워진다
세상 사람들 모두가
싸늘한 바람 한 줄기씩 가슴에 담고
냉랭해져도
나는 누군가를 위해 뜨거운 가슴 하나
열어 보이고 싶다,
그대가 내 마음을 달군 것처럼

밤하늘이 저토록 아름다운 건
내게도
남을 위해 대신 울어줄 수 있는
따뜻한 눈물이 아직도 남아 있음이다.

바위 외 1편

이 진 석

허구한 날
화려한 의상들이
수없이
스쳐 간 자리
먹구름 천둥 치고
모진 바람 휘몰아쳐도
의연한 너

언젠가
한번은
부서져야만 하는데
억천겁을 살리라는
굳은 의지로
묵념의 나래를 접는다

내 한낱
바위로 영근다.

발자국

허구한 날
어디서 온
대지의 한 모퉁이에
피 맺힌 사연이 있고
한 점
붉던 지점이 있었으니
포성이 울던
그 언 날
흩어진 목숨 속에
주춤
멈춰 버린 순간을
우리는 모른다

귀먹어 살아온 세월 속에
항시
표표飄飄한 자세로
더듬어 가는 길
넌 너대로의
난 나대로의
발자국이
멈추어 섰다.

공해公害 외 1편

이 창 환

하늘 철조鐵鳥의 혈변血便
바다 철어鐵魚의 독약毒藥
인공만독人公萬毒이 우주宇宙에 가득
인수충초人獸虫草 몰殁 죽음 오건만
내일 죽음 오는 것 모르고 자살하는 인간들

아— 지구촌이여
언제 옛 정공精空 천수泉水 마시고
건손健孫 청정화락淸淨和樂 그 세월
하늘 사람 땅에 해균害菌 없을꼬
그때 내 너 자손 웃음꽃 피우며 살 텐데

인생들이여 지구 그리고 공기
살려놓고 죽음세 자손 위해
조상 된 보람 지켜 삽세.

윤倫

일몰日沒이 온다 인륜仁倫이 죽는다
우주주인宇宙主人 인간들이여
인륜이 죽으면 일몰이 되고
영일몰이 되면 천지개벽天地開闢 오노니
인벽仁闢 오는 날 인멸人滅 천지멸天地滅
뉘 막을꼬 윤생倫生 우주생宇宙生 지킵세

땅 위에 오복五福 만고천하갑부萬古天下甲富
무슨 소용일까 인인人仁 우주멸宇宙滅
그 뒤엔 무엇이 남을꼬 인류人類여
빌고 비노니 순천順天하고 천의天意에 따라
인간人間과 인륜仁倫 함께 사는 것이 지구地球
오호라 인류人類여 정심正心 먹고 살아갑시다.

불꽃 외 1편

이 한 식

세상일이 그렇게
호락호락하지 않다는 것을
스스로 뼈저리게 느끼기 전에는
세상일을 너무 모른다

달이 진다고
해가 떨어진다고
하늘을 떠나던가
온몸을 파고들어
내 맘속에 자리한 사랑

끝없이 타오르던 열망의 불꽃이
순식간에 사라져 버린다면
무엇을 하겠는가

후미진 곳이나 막힌 곳까지 찾아
찬란한 태양이 똑같이 밝혀 주듯
어차피 사는 세상이라면
남에게 피해를 주고 손해를 끼쳐 가면서
비난 받고 원망 들으며 살 건 아니다

눈부신 보석은 누군가의 손에 의해
그만큼 공들여 갈고 닦아 빛나는 것이다.

시공을 넘어

떠날 때
아쉬움이 남지 않도록

자연이 숨겨 놓은
아름다움을 두루 살피며

해변의 전경이
한눈에 들어오는 곳

차가운 계곡이나 강물에 풍덩 빠져 버리면
한여름 무더위도 잊을 수 있을 텐데

시공을 넘어간다면
무슨 걸림돌이 있으랴

어제는 지금쯤
어디만큼 흘러갔을까.

그리운 그대여 외 1편

이현정

잊혀질지도 모르는 기억을
가슴 안에 안고
추억이라고 불러도 좋을 아름다운 순간들을 기억하며
그대의 그리움을 작은 소리로 부르고 싶다

지우려 지우려 해도
가슴으로 그대를 기억하고
멈춰 버릴지도 모를 그대의 모습을 회상하며
이별했던 시간을 되새긴다

버리지 못한 미련을 지우고
그대를 잊으려 하면 할수록
그대라는 사람은 사랑할 수밖에 없는 사람이라네….

그대여….
그리운 나의 그대여….

날개

마음에 짐을 얹은 새
허상일지도 모를….
꿈을 향해 날아오른다

붉은빛의 광야와
푸른빛의 바다를
벗 삼아 날아오른다

낮을수록 두렵고
높을수록 겁이 없는
빛을 찾아 나는 새

발이 닿을까 두려워
날갯짓을 짓고
살기 위해….
희망을 품은 작은 새.

사월의 아침 외 1편

이혜일

햇무리 아스라이 웃는 사월 아침에
옷매가 고운
나의 당신과 목련꽃 피는 소리에
만취하고 싶다
나는 당신의 그 깊고도
맑은 바닥에 잔물결을 일렁여 주고 싶다

하얗게 일렁이는 잔물결마다
진홍빛 물감으로 물들이고 싶다 나는
나는 그래서 다그쳐 오르는 가슴이
당신의 이름을 불러놓고선
한가득히 메모지에 불러놓고선

그러나 나의 곁에 부르기를 그만둔다
피시식 웃어넘기는 그 얼굴이
보일 듯해서 피시식 나 먼저 웃고는 그만둔다
햇무리 아스라이 웃는 사월 아침에 나홀로
목련꽃 지는 소리를 듣고 싶다.

고독의 의미

누구나 한번쯤은 고독의 의미를 맛봐라
겉으로 맴돌지 말고 깊이 새겨 보아라
그러면 한사코 안기리라
더욱 깊이 안기고 골목길을 헤치고

들어갈수록 체내에 스미는 인간의
향수에 젖어 보거라
품에 안기고 싶은 경지로 돌아오면
안기고 싶은 만큼 안아 주거라

여기 인간의 바탕은 드러나
모두 안아 들이기 위해서 가슴은 있었고
내일은 우리 가슴으로 대하리라
진정 외로움을 아는 자만이 더운 손을 잡고 만나는
시간이 우리를 감싸고 있는 것이니
이제 사람들 한 사람도 빠짐없이 진정 외로움을
생명으로 되새길 때 온 인류가 하나의 품에서 사랑을 하리라.

가정家庭 외 1편

이호정

이보다 더한 둥지가 있으랴
아버지의 어깨는
새끼들의 날갯짓으로 가볍고
엄마의 젖 냄새는
업고 안고 안 먹어도 배부르다

이보다 더한 떡잎이 있으랴
초등학생의 아버지는
눈빛 하나로 착함을 일깨우고
두 아이의 엄마는
영혼의 말로 버릇을 가르친다

이보다 더한 법틀이 있으랴
아버지의 기침 소리는
거친 앞날의 나침반이며
엄마의 공이손은
푸른 대지의 밭이랑이다

이보다 더한 서낭당이 있으랴
설날 아버지는
간밤의 선몽으로 대를 잇고
추석날 엄마는
잘 익은 열매에 마음을 담는다.

죽음

더할 수도 뺄 수도 없는
내 영혼의 열매

어제와 내일 사이를
피로 이은 고리

빛과 그림자는 영원하기에
무無는 유有의 엄마이다

너와 나는 하나이기에
우리는 날마다 시작일세.

빨간 우체통 외 1편

임규택

우두커니 서 있는
너를 보면
나의 젊은 날이 달려온다
재스민 향기 묻혀 돌아올
분홍 봉투 편지 한 통을 쥐고
신작로를 서성이던 날이
내 생애 행복한
산책길이었다
이마 끝에 붙은 혓바닥을 밀고
너의 뱃속에
내 마음 타고 남은 재를 붓고 돌아오는 날
뻐꾸기는 낮에도 울었다
저미는 가슴
빨갛게 달구어진 포옹의 박동 소리
호젓하게 품어 주던 너는
인터넷 속도에 밀려
감성과 풍경을 잃고
붙박이 포졸이 되어
파출소 앞을 지키고 서 있다.

손국수

홍두깨에 눌린 가난이
끼니를 베고 눕는다
디딜방아처럼 내려서는
수직의 몸부림

부뚜막에 옹기종기
두리번거리는 허기
멸치 떼 소용돌이치는 바다
그물 당기는 신음

얼마를 노 저어 가야
바람 자는 포구에
닻을 내릴 수 있을까
부르튼 손 엄마 손.

이름이 필요한 이유 외 1편

임|성|한

신문에 난 지난날의 저 여배우,
숏커트 머리의 앳된 얼굴
발랄한 모습

TV에 나오는, 배가 불룩
히프가 펑퍼짐 넓적 얼굴에 왕벌 같은
목소리의 그녀

아주아주 남이다
이름 빼놓고는 같은 것이
하나도 없다

이제야 알겠다 이름 짓는
이유를, 두 개의 인생이 서로
아주 잃어버리지 말고
가끔 손이라도 잡아 보라고
이름을 짓는 것이다
그런 것이다.

이념의 시대는 가고

낮잠만 자다가, 또 머리가 안 돌아가서 못 모았으니,
그러나 먹는 것은 같이 먹자고?

기저귀 찰 때부터 얻은 것 가지고 돼지처럼
혼자만 먹겠다고?

몸이 쑤시도록 열심히 뛰어 모았으니
혼자만 먹겠다고? 좀 말이 되네

다 빼앗아 똑같이 먹게 하자
뭐! 깡패하자고?

안 된다 제가 가진 것 제가 먹게 하자
그것도 안 된다 그러면 굶어 죽고 배 터져 죽는다
죽으면 안 된다 살아야지

그러면 게으른 놈, 머리 안 돈 놈은
적게 먹게 하고
기저귀 찬 놈은 반 정도 빼앗고
열심히 뛴 놈은 반 정도 갖게 하자
그래도 불만이라면 반죽 주물듯 주물고
다듬어 나가야지, 외곬은 안 된다
좌도 우도 안 된다 중도 안 된다

외곬 싸움 시대는 갔다
하나하나의 정책에 눈을 얹을 시대가 왔다.

풀잎의 노래 외 1편

임 | 영 | 희

네 노래 듣는 이 어디에 있을까
찾는 이 없어도
대지의 노래 부르고 있음을

짓밟히고 뽑히며
쓸모없다 베어져

밤이면 달님 별님
고운 빛에 감싸이고
이슬 한 방울로 목 축이며 노래하네

풀벌레 찾아온 밤
사랑 노래 아름다워도
네 노래 듣는 이 어디에 있을까

고향의 흙인가
흙을 떠나지 못하고
흙의 노래 부르는 풀잎이여
네 노래 듣는 이 어디에 있을는가?

가을 산행

햇살 가득한
산길을 걷는다

형형색색의 옷을 입은
나무들은 저마다 뽐내며 서 있고

가을을 노래하는 풀벌레 소리도
다람쥐들의 예쁜 눈망울도
마음의 여유를 갖게 한다

계곡을 흐르는 물도
낙엽을 띄워 보내느라
쉬어갈 줄 모르고

약수 한 사발로
서로의 건강을 기원하며
친구가 되고

내딛는 걸음마다
다져지는 삶의
무게를 영글게 한다.

분수 외 1편

임|제|훈

저 창창한 하늘을 향해
한 번 두 번 세 번씩이나
빨강 파랑 보라
고운 꽃송이들 매달고
분수는 용솟음치네

무더위에 지친 심신들 모여
성서 와룡공원 숲 속
어둠은 전등불만큼 비켜서서
산들바람에 분수 뿜어 올리며
사랑 덮어 기쁨 주네

피보다 진한 생수로 분수는
무더윌, 삶의 애환을
꽃보다 고운 빛깔 섞어
하늘 높이 밀어 올리며
환한 미소로 공원을 웃기네.

문양역

대구 서쪽 문양
지하철 2호선 종점
시내 지하에서 전철은
하늘 밥도둑 닮아
고개 빳빳이 들고 당당히
땅 위로 올라와
종점임을 알린다

현대 문명이 제멋대로
바닥으로 땅속으로 하늘로
거침없이 편리하냐고
묻지도 않고
사람들을 끌고 다닌다

그리운 사람 문양역
양지짝에서 곱게 보듬어
눈물로 보내고 가슴 가득
따스한 햇살로 받아들여
인생의 애환을 문양역은
뺏어 가기도 안겨 주기도 한다.

들꽃 외 1편

임 종 준

누가 뿌리지 않았으나
된서리 이겨 내고
두터운 대지 밀고 나와
양팔 벌리고 체조한다

아무도 아는 이 없고
돌보아 주는 이 없지만
아침 이슬 도움 받아
새 힘을 얻는다

아무도 봐 주는 이 없지만
제 힘 다하여 아름답게 피어나
향기 날리니
벌과 나비 친구 되어
은밀한 사랑 속삭인다.

당신이 있기에

안개 자욱이 끼어
앞을 가리고
먹장구름이 온 하늘을 덮어
으스스하게 캄캄하여도
불안하지 않으며

가슴을 찌르는
빛보다 빠른 번개가 치고
마음을 두근두근하게 천지를 울리는
천둥이 울려도
두렵지 않으며

소낙비 내리고
주룩주룩 비 내려 옷이 다 젖어도
피하지 않고
임을 만나기 위하여
의연하게 나아가며

북풍의 칼바람이
내 얼굴을 면도날처럼
여기저기 예리하게 갈라도
두 눈을 똑바로 뜨고
의젓하게 나아갑니다.

며늘애야, 너는 아들 키워
이런 며느리 얻으련? 외 1편

임 종 팔

1
완급, 선후, 선악, 곰처럼 뒤범벅이고
논리가 이렇고 이치가 저렇다
콩이야 팥이야 꼬장꼬장 따져 대는 며느리

내 종교가 있는데
시어머니와 같은 종교라야 되느냐
종교의 자유가 있다며 헌법을 들먹이는 며느리

날씨가 좋다고
빨래 걱정만 하느냐
놀러 갈 생각도 해야 한다는 며느리

시키는 일 뒤로 두고
저 하고 싶은 일 먼저 하면서
조금 늦게 하면 어떠냐고 부릅뜨는 며느리

위계位階 질서는 나 모른다
아들의 봉급 봉투 쥐고 흔들며
가계 운영 제멋대로인 며느리

안하고 덜하고 못하면서
그럴 수도 있다고 말하는 며느리

할 말인지 하고 싶은 말인지도 모르면서
할 말도 못하고 살아야 하느냐고 불평인 며느리

나는 아들 보고 시집왔지
시어머니 보고 시집오지 않았다고 투덜대는 며느리

며느리 하는 짓 보고만 있으면 되지
노인네가 무슨 잔소리가 그리 많냐고 말하는 며느리

가정의 중심을 흐려 놓고
모래처럼 헤어져 제 방에만 박혀 사는 며느리

제 입만이 먼저이고
시부모는 뒷전인 며느리

시어머니가 잘해야지 나도 잘할 수 있다며
가릴 자신도 없이 닭과 달걀의 선후를 따져 대는 며느리

우리끼리 오붓하게 살자며
시부모 거역하고 제 아쉬우면 친정붙이 불러 대는 며느리

고분고분할 줄 모르고 입 튀어나와
말하기도 거북한 며느리

애기만 물고 떨며
애기 앞에 아무것도 안 보이는 며느리

잦은 외출에
시부모 끼니도 안중에 없는 며느리

저는 항상 주연 배우이고
세상 모두는 조명照明쯤으로 아는 며느리

여기에 더더욱 기가 막히는 건
며느리 따라 박자 맞춰 주는 못난 자식이다

2
우리 집 며느리는
독립운동하러 시집왔나 보다
독립운동이 그렇게도 소원이면
약소국가를 찾아가야 할 텐데

평화로운 가정에 벌처럼 날아들어
균형과 조화를 허물고
밤송이 같은 아픔으로 좌충우돌이로구나

우리 집 며느리는
재판하러 시집왔나 보다
시부모와 며느리의 관계가
당부당當不當 위법을 가르는 당사자인 줄 아는가 보다

비속卑俗은 존속尊屬에 대하여
도덕적으로 좀 더 무거운 의무를 지는 것이

자연법상의 원리라는 사실도 모르면서 생고집이구나

우리 집 며느리는
유원지에 놀러온 줄 아나 보다
가정의 운영에는 생각이 없고
밖으로만 밖으로만 허덕인다

시부모 모시고
구미口味 돋우어 가족 건강 염원하며
가족의 융화 서둘러
더 즐거운 곳이 없는 공간을 창조해야 하거늘

우리 집 며느리는
시부모와 아들과 주도권 쟁탈이 목적인가 보다

뭘 모르면서 모른다는 사실도 모르는 며느리
말을 해도 못 알아듣는 며느리
세상만사가 자기 중심으로만 보이는 며느리

시어머니, 며느리 몫이란 게 있다
며느리 몫 포기하고 시어머니 몫 탐하지 마라
땡감의 홍시는 시절이 있고
며느리를 거쳐 시어머니다.

며느리와 시어머니

"당신의 시어머니가 살아 있는 한
평화에 대한 모든 희망을 포기하라"※

로마의 풍자시인 유벨날리스의 말이다

며늘애야 시어머니 탓하지 마라
시어머니 품종品種이 어디 따로 있다더냐
너 또한 시어머니 될 테니까 말이다

여인들이여
번갈아 가며 대를 이어
그 악역 길게 끌지 말고

이제 그만
며느리 시절에 은혜로워
며느리가 그리는 시어머니 되자꾸나.

※Give up all hope peace so long as
 you mother-in-law is alive

길을 가며 외 1편

장│기│연│

걷고 걸어도 멎지도 않고 이어지는
발걸음 닿는 곳이 그대로 길이 되는
시작도 끝도 없는 길
가늠할 수 없는 시간의 부피와 누적된 기억들이
삶의 흔적처럼 켜켜이 쌓이는 곳
걷다 막히면 되돌아서도 다시금 길이 있는
걸으면 걸을수록 길은 이어지고
늘상 끝이 없는 그 길을 만난다
시작과 끝이 다르지 않듯이 마지막이 보이지 않는
무시무종*이다, 길은 언제나
끝남은 또 다른 시작의 의미이기에
다시금 걸어가고 있다
이어지는 이 길을 따라….

※무시무종無始無終: 시작도 끝도 없음

숨 쉬는 기억 · 3

기억의 이름으로 자리한 멀어져 간 날들
오랜 시간에도 떠나지 않는 흔적을 넘어
햇살같이 바람같이 다가온
간절하고 다감한 그 마음을 만나고
내칠 수 없는 설렘과 떨림이 교차했던
거침없이 출렁인 흔들림의 날들
쉬이 드러내 버린 속내 감추지 못해
소리 죽인 갈망으로 지새운
다시는 마주할 수 없는 벅찬 감동으로
다가오고 다가감도 서로에게 두려웠던 시간
무엇이 될 수 없음을 알기에 망설이다
그 모든 느낌 구김 없이 내려두고
감내하기 힘겨운 통증 삼키며 돌아서야만 했던 날
가슴 한 부분 텅 비워져 버린
먼 시간 속으로 침잠되어 버린 지난 기억들.

저녁 바다 외 1편

장 동 석

저녁 바다는
소리 내어 울어도
절대로 눈물을 보이지 않는다

늘 푸른
격정을 불사른 바다에
온통 꽃잎 같은 노을이 흐르고
저 찬란한 일몰에 휩싸여
난 그만 눈을 감는다

환상의 바다 숲
그 영혼이 몸살을 앓다가
모든 것을 다 통찰한 눈빛을 한 채
어둠의 물결 속으로
체념한 듯 빠져드는가

그 순간
울부짖다 밀려가는 파도 속에
근심은 다 사라지고

내 마음 평온을 찾은 것처럼
마냥 고요해진다

저녁 바다는
절대로 눈물을 흘리지 않는다
다만 여울진 그리움을 안고
저 불타는 노을처럼
영원과 순간이 만났다가 사라질 뿐

마치 눈을 감았을 때
바다가 그려지듯
마음속에 되살아나는 평온함이
수심같이 깊게 느껴진다.

인생의 신호등

내 인생에
절박한 삶의 교차로에서
언제나 청색 신호등이 켜졌으면 싶다

현실의 기로 속에
아무리 바쁘게 뛰어야 할 일이 생기고
가야 할 곳을 재촉할지라도
빨간 신호등이 켜지면
그냥 그 자리에 정지해야 하고

한 박자 깜박이는 황색 신호등에
가야 할지 멈춰야 할지
거친 횡단보도를 배회하며
오도 가도 못하고 발길을 서성이지만

숨 가쁜 세상살이
거침없이 일방통행으로 질주하다가
버거운 삶에 적색불이 켜졌을 때
운명의 신발 끈을 동여매고
힘찬 심호흡을 한 후 다시 가야 하는

오늘도 내일도
내 인생의 뒤안길에서

누군가 제시하는 대로 가야 하지만
언제나 청색 신호등이 켜졌으면 싶다.

비가 내리는 날 외 1편

장 명 자

비가 내리는 날
레인코트 자락에
사랑을 숨기고

아스팔트를 걸어요
따스한 당신의
가슴을 안고

숨겨진 비밀스러운
이야기를
도란도란
비는 계속 내려요

뜨거운 정열이
솟아오르는 날
비 오는 날

내 마음 전할 수가 있어
사랑의 멜로디가….

비둘기처럼

어느
아침을 여는 날
비둘기 한 쌍이
내 창가에 앉아
비비배배 비비배배

사랑을 속삭였어요
서로의 얼굴을 비비며
그윽한 눈길도 보내고
부드러운 깃털로
상대를 감싸 주었어요

나 그 행복에 젖어
내가 비둘기가 되어 버렸죠
오오 사랑하는 그대여
나를 붙들어 주오

한 쌍의
비둘기를 닮을 수 있다면
난 진정
그 사랑을 위해
온몸을 던져 버리리라.

옥수수 사랑 외 1편

장 문 영

남실바람의
부드러운 손길이
볼을 쓰다듬고
하늘바라기로 성숙해
언제 저리 새색시가 되었을까

포르스름한
안동포 치마폭을
겹겹이 포개 입고
갈색 머리 휘날리는 여인

전부 여인들만 있나 보다

날이 갈수록 여기저기
치마폭 속에
씨앗의 눈들이 잉태해

또록또록 자라고
배는 통통히
불러지고 있으니 말이다.

포장상자

인생은
포장상자

그 속엔
각양각색의
사람이 있을 테고
가지각색의
직업과 생활
천차만별의
성격과 습관도 있으리라

열어서 속을 들여다보기 전엔
추측과 짐작만 있을 뿐
아무도 잘 모르는
진실과 고운 양심이 들어 있고
거짓 오만 자만도 담겨 있겠지요

겉과 속이 같고 포용과 배려가 있으며
허황된 욕망과 허세가 웅크리고 있을 것이다
무계획하고 무분별한 방탕한 생활
인간다운 삶으로 본인에게 엄격한 분
헌신적인 삶, 희생과 봉사로 생을 마감하는 삶
그런 표정이 담겨진
상자.

억새꽃 외 1편

장병민

하늘은 높고 말[馬] 살찌는 계절
은 갈기
휘날리며 달려가는 낭만

솜털처럼 부드러운 손길로
설렘의
은빛 머리 반질반질 빗질하고

나부끼는 갈바람 서걱서걱
한바탕
춤판 벌이는 환상의 날개

따가운 볕살과 지루한 장마
다 잊은
척박한 땅 어우린 생명이어라.

꼴값 4인방

그 맹물이 어쩌다가 이렇게 짭짤해졌어
부어라 마셔라 춤춘다,
돈뭉치에 조갯살에
자맥질하다 자빠져 널브러진 놈

두 눈알만 끔벅끔벅 혀 밑에 비수 감추고
이놈을 치랴 저놈 치랴,
좌충우돌 난 모르쇠
거짓말 밥 먹듯이 하는 칼 쥔 놈

나 아니면 아무것도 안 된다는 에고이스트
생각의 뒤안길에 묻혀,
어리벙벙한 수구꼴통
시궁창 빠져나온 우유부단한 놈

하늘을 우러러 한 점 부끄러움 없었다고
빨간 혀 내민 상판대기,
흰 이빨 드러낸 망나니들
법정에서 장군님 만세 부르는 놈.

해바라기 외 1편

장 영 옥

해바라기의 노란 꽃잎은
셀 수 없는
태양의 빛줄기를
몇 개 떼어다가 붙인 듯
여름 하늘 위로
타오른다.

가을 잎사귀의 속삭임

연둣빛 여린 봄 잎새
뾰족뾰족 돋아나던
나뭇가지에

진초록 싱싱한
여름을 지나
알락달락 고운
단풍이 들면

가을 잎사귀는
온몸이 간질간질거려
꼭 껴안고 있던 색깔을
놓아야만 해

가벼워진 가을 잎사귀
투명한 속삭임
온몸이 바삭바삭거려
햇살이 파고드나 봐.

가을 산 외 1편

장 인 숙

가을 산이 붉게 물들어 가요
푸른 힘이 다하여
조용히 수면을 하고 싶은 것입니다

노을을 휘감고
사색하는 산은
이제 성장을 멈추고
한겨울 동안 휴식을 할 것입니다

이미 잃어버린 것과
또한
잊어버려야 할 것을 구분하여
이제껏 살아온 일들을 헤아려볼 것입니다

한없이
뻗어 나갈 줄만 알았던 꿈들이
수목 한계선이 된 계절에
다소곳이 머리 숙였습니다

산은 생각할 것입니다
꿈을 접는 겨울이 올지라도
희망으로 다가오는 새봄을 위해
새로운 봄의 푸른 싹을 준비하려면

긴 수면의 계획이
필요하다고 말입니다.

나이가 들면

나이가 들면
마음이 무뎌지는가

예전 같으면
무척 좋아할 일도
무덤덤하고
속상하여 화낼 일도
그저 마음 조금 상하고 마는….

무심함인지
넉넉함인지
알 수가 없네

가끔
건강하게 살아 있음이 고마워
하늘에 감사하고
든든한 삼 남매의 울타리를 느끼며
꽃이 피어 있는
화단가에 앉아
하오의 햇살을 즐기네.

기도 외 1편

장 현 기

맑은 물
낮은 곳으로
흘러가는
깊은 뜻 따라

내 마음이
찾아가는
힘겹고 험난한
길은….

하느님 곁으로
찾아가는
온유하고 소박한
참사랑의 길이라네.

어느 이별

현충일 오후
하루 종일 사람들이 들끓던
기인 하루해가 뉘엿뉘엿 기우는데
머리가 하아얀 할머니가
어느 묘비 앞에서 떠날 줄을 모르고
혼자서 이별을 나누고 있는데….
얼굴도 기억나지 않는 남편을
육십여 년을 기다리고 기다리면서
까아만 머리가 백발이 되었는데
내년 현충일부터는 못 올지도 모르는데
기다리지 말고 잘 있으라고….
도란도란 이야기를 하며 이별을 하며
내가 못 오면 이 잡초를 누가 뽑아 주나
안타까워하며 잡초를 뽑으며
뉘엿뉘엿 기우는 해가 안타까워서….
머리가 하아얀 할머니는
차마 떠나지를 못하고
이별을 나누고 있네.

호수 외 1편

전 순 옥

가을 하늘
내려와
겹쳐져서 푸르나

호수인지
하늘인지
알 수가 없구나

한 마리
불새 날아와
점 하나 찍고 간다.

조각보

자투리 천을 모아
예쁘게 이어 놓고
색색이 고운 마음
알록달록 꿰매어
사랑도 함께 붙여서
밥상 위에 덮었었지

그 조각보 열어 보면
어머님이 보였지
늦게 오는 나를 위해
저녁상 차려 놓고
베틀에 혼자 앉아서
베를 짜시던 어머님

나 이제 어미 되어
그 마음 헤아리며
돋보기 끼고 앉아서
조각보를 만든다
어머님 그 큰 사랑을
한 땀 한 땀 수놓는다.

회상 외 1편

정 기 상

그때가
있었던가?

희미한 오솔길 따라
마냥 즐거웠던 그 길

천하를 얻어
활짝 피어난 꽃

이제는 그리움뿐
전설이 되어 버린 사랑

백발을 날리며
미소 속에 잠긴다.

인생

되돌아보니
참 덧없다

욕심을 내어
눈 부릅뜨고
움켜쥐었는데

손 안엔
빈 그림자뿐

모든 것이
바람일 뿐

아! 인생은
참으로 무상하다.

바보! 바보들아! 외 1편

정 득 복

이 세상에 알리노니!
무엇이 그리 급하게 세상살이에 허둥대며 다니느냐?
한숨 쉬고 갈 길 나서면 어떠하냐?
세상의 무거운 짐을 너 마음보다 가벼운
날갯짓으로 펴 보아라
무엇이 그리 아쉬움이 남아 있길래
그리도 바쁜 걸음을 내딛느냐
아무리 바쁜 세상일지라도 친구도 챙기고 마누라도 챙기고
세상의 어지러운 모든 것들을 좀 챙기고
발걸음을 한 발짝 멈추고 가면 무슨 배탈이 나느냐
마음을 아우르고 다듬으며 추슬러 가면서
세상살이 인생길을 쉼 없이 내달으면 어떠하냐
마음 내키는 대로, 생각나는 대로, 하고 싶은 대로
이 한세상 헤집고 다니면서 살아가야 하지 않나?
정치도 다스림도 흥청거림도 다 팽개치고
오직 정다운 친구 하나 이 가슴으로 품에 안고서
하늘 높이 날아가면 어떠하리
세상 참 즐겁고 반가운 세상일세
친구들아! 내 마음을 너 알리라 오순도순, 아기자기,
이리저리, 요리조리 한데 어울리며 뒹굴어 살아가세나
바보! 바보들아!

춘삼월에 운길산 수종사에 가다

춘삼월春三月 봄빛이 무르익는 계절을 맞아
운길산雲吉山을 오르니 벌써 가파른 비탈에
노란 산수유 꽃잎이 노랗게 물들었네

한강 물줄기를 두 갈래로 맞이하고 있는
두물머리(양수리)의 푸른 강물이 햇빛에
출렁이며 반짝이고 있네

한강물 흐름을 따라 내려오는 물살에
물오리 떼 한 무리 하늘을 박차고 오르네
봄기운을 차고 하늘로 높이 오르네

운길산 정상에서 유유히 흐르는 한강을 내려다보고
먼 산 가까운 산, 높고 낮은 산을 바라다보고 있으니
수종사水鐘寺 종소리가 세상의 어리석은 중생들을 일깨우네

춘삼월 봄빛이 무르익는 계절을 맞아
운길산 수풀 속의 나무들도 봄눈에 싹을 틔우고
봄바람에 못 이겨 산수유꽃을 노랗고 곱게 물들이고 있네.

초롱꽃 외 1편

정 영 기

그대 향한 사무치는 마음으로
청사초롱 등을 밝혀
문밖에 걸어 두었습니다

온밤을 흰 눈으로 지새어도
오지 않는 그대
등불 보지 못해 지나쳤을까
오늘은 두 등
내일은 세 등
모레는 네 등
청사초롱 불 밝혀
문밖에 걸어 두렵니다

산기슭 숲마다
지천으로 핀 환한 초롱꽃 행렬.

그리움

하늘만큼 땅만큼 원한 것도 아니다
다만 좁쌀 한 톨만큼만

석양 하늘 가을 단풍 같은
빨간 당신의 손길
해바라기 둥근 얼굴
또록또록 영글어 가도록
기다리는 마음

창문 열고 바라보니
고추잠자리 푸른 창공 가득 나는
이 계절에도
텅 빈 가슴 쓸쓸한 해거름
노랗게 물든 은행잎 하나
책장 속에 끼워 넣으며
마음을 접는다.

봄길 외 1편

정 인 환

꺼져 가는 아궁이에
군불 지피듯
마른 영혼에 진기 모아
후우 후
꽃불 밝히며 가는
허리 휜 할아버지

먼 망각忘却의 지평 너머
어느 한 시점
아지랑이처럼 피어오르는
그리움 한 자락
노을로 피워 올리며

누워 버린
제 그림자 일으켜 세워
저무는 봄길을 가고 있구나
돌이켜 생각하느니 삶이란
이토록 그윽한 것인가.

늙음에 대하여

늙는다는 것은
고운 등불로 아침을 여는 햇살처럼
사색의 깊이에서 건진 자아를
기도의 촛불로 밝히며
무심처사無心處士의 길을 가는 것이고….

소중히 간직했던 추억의 강가에서
진달래 꽃잎 같은 고운 기억들을
올올이 풀어 물이랑에 띄우며
진실의 속살을
하얗게 드러내는 일이고….

양지나무 그늘을 깔고 앉아 해종일
마음으로 가는 길에서
개구쟁이들을 보고 이놈들 하며
어린 시절 동무 생각에
해안解顔으로 알사탕을 쥐어 주는….

늙어 간다는 것은
학발선인鶴髮善人으로 옷깃 여미며
고운 노을로 지는 단아함
깊음으로 스미는 소멸의 언어가
저토록 아름다울 수 있다니….
그 모습 가슴 저리도록 아름답구나.

참된 자유여 내게 오라 외 1편

정 진 덕

참된 자유란 바로 능력이다

온 천하에
오직

유
일
무
이
한

자기 자신을 통제할 수 있는
힘!

시간 · 1

소리도 형체도 배제한 채 공간을 줄기차게 달리는
시간
어두움은 이미 절벽 아래로 곤두박질치고
열린 하늘에 봇물처럼 수백 수천억 가닥의 빛들이
쏟아져 내리는
아침을 여는 크로노스※

밤새 검게 남아 있는 멍 자국 모습의 나무들
몸 터는 소리에 새들 잠이 깨고
은빛 갑옷으로 갈아입는 만물들의 즐거운 웃음소리
물결치는….

시간은 물질을 초월하고
세상과 일체의 타협을 거부한 채 말없이 당당하게 공간을
질주하는 지배자
과거 현재 미래가 동아줄처럼 엮여
이 끝에서 저 끝까지 길게 걸린 남사당패 줄타기
같은 세상
밤낮의 허리 관통하고 빠르게 삶의 심장을 꿰뚫는
시간

이 세상 무엇에도 파괴되지 않는 무적의 시간은
아주 커다란 눈에 보이지 않는 투명 날개

섬광 같은 그 위에서
카이로스※를 갈망하는 사람들….

※크로노스: 고대 그리스인들의 시간 개념 중에서 흘러가는 시간. 연대기적인 시간
※카이로스: 고대 그리스인들의 시간 개념 중에서 의미 있는 시간, 실존적인 시간

시동 외 1편

정 진 희

장자터집 골목으로 올라가
게딱지처럼 엎디인 그 집
나는 열일곱 살이에요
도랑 건너 집 스피커에서
일천구백칠십몇년도 그 여자의
콧소리가 들리면
낭창거리는 햇빛을 타고
회푸대종이 발라 놓은
방바닥에
외로움이 기어 내려왔다
발이 열몇 개
더듬이보다 영명한
감각들이 깨어나
어린 나는 숨을 쉴 수가 없었지
시동*에서 사셨죠!
스피커집 흰머리 남자는
내 마음을
읽기나 한 듯이
하얗게 웃고 있었다
아카시아꽃이 후드득 날았다.

※시동: 전라북도 익산시 황등면 시동마을

개똥쑥

아버지 지어 주신 이름자를
바꾸지 않으렵니다
아무 데나 붙어살면
그만인 것을,

바람 맑고
햇발 따순
수렁구지 산바래기에
앉았습니다
나보다 나이 많은
아기 무덤
무명씨의 무덤도
안아 보았습니다
살아 있을 때 따뜻한 사람
덤불 무성히 덮고 사나요?
아버지

얼굴도 기억나지 않는
당신 때문에
밤새 무서움에 소름 돋아 보겠습니다
휘파람 소리도 내보겠습니다
죽어도 울지 않으려고
입술을 꼬옥 깨물겠습니다

산바래기 상여집이
불을 켜고 있습니다.

어쩌다 바람에 흐느끼는 옛사랑 외 1편

정 | 창 | 운

어느 날 바람이 몹시 부는 날
잊을 수 없는 옛사랑 그 사람이
잠결에 불현듯
허공에서 잠시 환영으로 나타났다간
곧장 어디론가 멀어져 갔다

그날 새벽 꿈속에서
확연한 옛 얼굴이
가까이 다가오면서
무엇인가 말하련 듯하다가는
바람에 흐느끼는 슬픈 모습으로
순간 여운을 남기고는
그냥 돌아가 버렸다

아 꿈이여 흘러간 첫사랑이여
어쩌다
이루어질 수 없었던 옛일이
아직도 바람에 흐느끼는
영원한 애련이 되어
무상한 허공 위를
맴돌고 있단 말인가?

후회가 살아나고 있다

아득한 세월 피안으로
밀려난
옛일로 기억하고 있었는데….
지난날 어쩌다
화해할 수 없었고
지난 시간 속에 묻혀 있던 것들이
다시 살아나
이 늙은 세월에
가슴속 깊은 심연에
아픈 멍으로 살고 있다

한때 마음을 주었던
격정으로 불타올랐던 사랑에게
한 언약을 지키지 못한 사연….
귀중한 어린 생명을 거두지 못한 사연
이들 후회 한 덩어리가
똘똘 뭉쳐 사그라들지 않고
애수의 강으로
못내 흘러가는 모습에서
서러워하는 듯
강물의 마디마디 물결에
흰 슬픔이 하염없이 흩어지며
이내 심사를
끝없이 시리게 하고 있다.

초가삼간 외 1편

정 | 홍 | 성

볏짚 엮어 이엉마름으로 하늘 가리고
솔거울나무 장작나무 푸정나무 때어
옹솥엔 밥을 짓고
가마솥엔 소죽도 끓이고 물을 끓이면
인정보다도 온정보다도 더 따뜻했던 아랫목

울타리가 없다고 걱정일까
아들 부럽지 않은 옥수수는 해마다
울타리가 되어 주어 든든했다

지붕 위에 박 넝쿨은 동이박 주렁주렁 매달고
초가지붕을 무겁게 짓눌러도
잔등에 아기 업듯 정겨웠던 초가집

동이박을 보면 도회로 나간
큰아들 둘째아들 셋째아들 아기 배어 열 달씩
동이박처럼 배 안에 꾸리고 다니며
밭일 논일 마다 않고 잘도 하셨던 어머니

이제는 제비 새끼 쳐 나갔던 빈 둥지처럼
텅 빈 초가삼간 오막살이엔
키가 큰 옥수수는 벌써 익어
아기 업듯 업고 서서 누구를 기다리는가.

천안함 침몰 희생 장병을 삼가 애도함

천 천만 년 지나도 영원히 못 잊을 그대들
안 안녕이란 말 한마디 목이 메이네
함 함대를 내 집 삼아 나라 지키다
침 침침하고 차가운 바다의 고혼 되니
몰 몰인정한 살인마 응징한들 위로될까
희 희망도 가족도 사랑도 잃은 그대들이여
생 생환 길 그토록 바랐던 국민의 기대
장 장장 길고 긴 영면의 길 눈물로 보내네
병 병영에 바친 고귀한 충혼탑에 서린 그 얼굴
을 을축갑자로 세월을 되돌려 생각하리니
삼 삼가 애도하는 국민의 마음 가슴에 안고
가 가시는 길 뒤돌아보지 마시고 영면하소서
애 애간장 도려 내는 아픔도 놓고 가소서
도 도도한 바닷물도 소리 없이 흐느끼고
함 함대의 뱃고동 소리 목이 메어 울부짖네.

반려자 외 1편

정 화 자

젊었을 때
풋감처럼 떫었던 당신
검은 머리가 파뿌리가 되도록
살아온 반세기 세월
엎치락뒤치락 때론 손잡고
밀서하기가 힘들었던 지난날
우리 부부는
곰삭힌 술 단지처럼
싸한 마음이 서려 있다

지난날에는 가슴을
쓸어내린 적도 많았지만
지금은 잘 익은 술 냄새 나는 당신
탕진해 버린 젊은 삶을 다 날려 보내고
고스톱 방에서
불러 주기를 기다리는 당신의 뒷모습
헐렁한 바지춤 새로
세월의 흔적이 묻어나고 있다.

참새 떼

해 질 무렵
은행나무 가지 위에
참새 떼가 모여든다
짹짹짹
하루 종일 배불리 먹어
배고프지 않을 테고
그럼 너희들도
청문회가 있단 말이냐
짹짹짹.

물결치는 하얀 무늬의 강 외 1편

조 기 현

꽃 가방을 끌고 들어온다
거리는 근육 탄력
애로의 무늬
서울의 얼룩말

얼굴을 내밀며
시원한 배설의 강江이
하이얀 춤으로 흐른다.

즐겁게 살자

다섯 번째 무대에 선다
어깨에 띠 두르고
거리마다 방문
선량하고 착한 웃음이지만….

플래카드
자칭 국민 후보
지키지 않는 선전 광고
가짜로구나

뇌물 권력
이기적 당파 싸움
민생은 뒷전인가

오늘도
구겨진 세월만 흘리고 간다.

멋진 아침 외 1편

조 | 덕 | 혜

진줏빛 거실
가득 퍼진 블랙커피 향이
아직, 잠기운에 몽롱한
세포를 번뜩 깨우고
몸 안에
해묵은 찌꺼기까지 사르르
녹인 듯 유달리 상큼한 이 기분
감사가 절로 솟는 아침이여.

햇살도 하도 고와
예감 좋은 하루
오늘은 굳이 외출도 말고
장식장 안의 크리스털 화병을 꺼내
안개꽃도 아닌 장미꽃도 아닌
내 마음
한 송이 꽂으리라 생각하니
웃음꽃이 절로 피는 멋진 아침이여.

건널 수 없는 강가에

아침 이슬로
한껏 몸단장하고
봄나무로
우뚝 선 당신

여린 순, 움트는
연록의 열 손가락
모두 아지랑이 너울 쓰고
고요히
훈풍을 흔드는 손
가까운 듯 먼 듯
아련한

나는
건널 수 없는
내 안의 강가에
시린 밤 지새는 애드벌룬.

마음의 부자 외 1편

조 | 병 | 서

꼭두새벽부터 오밤중까지
일밖에 모르는 세대들
그 세대들의 노력이 쌓이고 쌓여
오늘의 살기 좋은 대한민국 이루었으니
그 뿌듯함이 가슴 벅차다
살고 보니 공짜는 없는 법
거저 이루어지는 것 아무것도 없더라
아주 치열한 생존 경쟁 속에
나라 발전되고 모두 부자 되었네
예나 지금이나
인간의 본성은 변함 없는데
세상살이 점점 각박해지는 것
물질 부자만 생각하기 때문 아닐까
마음의 부자로 살아 보세.

그리운 내 고향

눈 감으면 떠오르는 내 고향 용인
한 마리 새가 되어 날아가고 싶다
봄이면 앞산에 연분홍 진달래꽃
여름엔 개울가 물장구치던 동무들
지금은 어디 가서 무엇을 하는지
그때 그 시절이 눈에 아리네
초가지붕 위에는 달덩이 같은 박
가을이면 마당에 고추잠자리
겨울이면 화롯가에 옹기종기 모여
옛이야기 웃음꽃 피던 동무들
아직도 그때 그 생각이 메아리치며
육백 년 느티나무 아래 너울거리네.

낙산사 앞바다 외 1편

조 선 숙

봄 바다는 꿈에 취해서
몽롱한 얼굴로 흔들리고 있다
지나간 날들은 신기루처럼 사라지고
추억은 모래가 되어 발밑에 바스락거린다
아득히 먼 수평선
그 멀리서 피어나는 잊혀진 얼굴 하나
그렇게 그리던 얼굴인데 아는 척도 않는 무심함
지난 세월 맘의 생채기 깊은지
가슴은 온통 푸른 멍투성이
푸르디푸른 동해 바다 늘 수척한 얼굴로 앓고 있다
추억은 아름답지만 봄날은 화려했지만
다시 돌아갈 수 없는 우리들의 봄날
이 봄이 서럽다고
지나간 그날이 눈물 나도록 그립다고
한마디 말 못하고 돌아서는
너의 영혼은 바람을 닮았다
우리를 못 견디게 들볶던 가슴 설레던 그 시간들
한바탕 장자방의 헛된 꿈
밤마다 가슴을 쓸어내리며 비우고 또 비우는 연습
오늘도 끝닿을 길 없는 깊은 그리움 홀로 삭히며
추억을 안고 너를 안고
먼 바다를 향하여 지칠 줄 모르고 달려 나가는
동해 바다는 늘 아프다.

추억으로 끓이는 곰국

계절이 깊어 가면
희로애락의 장단에 춤추었던
지나온 세월의 징검다리 무서리 내리고
한때 그리도 빛나던 순간들
치열한 삶 속에
마른 나뭇가지 위 쌓인 눈처럼 추락한다
오래전 표구 되어 걸려 있는
망각을 거부한 지난 시간들의 못다 한 아쉬움
이 지칠 줄 모르는 되새김질
추억은 불사신같이 다시 살아나
12월의 끝자락에서 그때는 정말 몰랐던
따뜻한 기억만으로도 행복한 곰국을 달이고
이제는 달이고 달여서 뽀얗게 우러난 국물같이
묵힌 아픔도 슬픔도 곰삭아
담백한 웃음 여유롭다
내 가슴에 떨림 주고 간 아련한 그 얼굴
세월이 아무리 흘러도 지나간 아름다운 시간
뜨거운 마음 눈물 같은 그리움
윤회의 길목에서 다시 끓이는 곰국
가슴 시린 날 오욕칠정의 바다 건너
다 비운 맑은 얼굴 보살 같은 마음으로
긴 시간 진하게 달인
따끈한 곰국 한 그릇 보내 드립니다.

금강교 金剛橋 외 1편

조재화

오대산 월정사
금강교※에 이르니
임 부르는 소리
돌아보아도 두리번거려도
보이지 않는
그 자태

불러만 놓고
돌아보지 않고 가 버리는
임
애타게 찾으며
안개 속을 더듬으니

임은
벌써 저 아래
뒷모습 그림자만
형형히 떠나고 계시네.

※금강교: 강원도 오대산 월정사 입구 다리

봄은 노란 꽃으로

윙윙 에이는 위협이 물러가면
후듯이 무크름한 땅내
겉옷을 거부한다

말없이 올라오는 온기
바지런한 생강나무
노란 꽃
소리친다 봄이다

놀란 개나리
노란 병아리 입술 물고
서둘러 쫓아오는
안개 아련한 언덕

막힘 없는 태양 빛
도톰하니 살이 올라
사랑이 스민다

봄은 노란 꽃으로.

단풍 보러 가리라 외 1편

조혜식

가을이 깊어지면
산과 들 계곡에
가볍게 떨어지는
나뭇잎의 몸짓들
아는 사람 만나면
따순 손 그립지만
언제 어느 때부터인지
싸늘해진 손들뿐인 도시
서로 먼저 가려는 차들
공해로 찌든 도시 떠나리

수줍은 붉은 단풍
점점 갈빛 물이 들어
지상으로 떨어지는
낙엽 보러 가리라
깊은 산 낮은 산
훌훌 옷 벗어 놓고
떨어지는 넉넉한
은근한 저력인가
가을 산의 단풍 보러 가리라
마알간 가을 하늘 보러 가리라.

달빛이 되신 어머니

당신의 고독한 눈
정갈한 고운 매무새
깊은 그 속, 넓은 마음
긴 세월 숱한 사연 안고
고생을 고생인 줄 모르고
힘든 세월 사랑으로 사시더니
언제부터 저렇게 하늘 높이 떠
허공을 찬란히 채우는 신비한 빛
그리운 우리 어머니는
고운 달빛이 되었어라

굴곡의 한 서린
서럽고 비참했던 칠십 평생
무겁게 젖었던 운명의 일생
대범하신 성격에 훌륭하셨던 어머니
숨차게 달렸던 짧은 생애는
이제 그리운 전설만 남기고
은하수 곱게 걸린 밝은 하늘에
고요히 오래도록 머무는 자연
그리운 우리 어머니는
슬픈 달빛이 되었어라.

요지경 외 1편

지 종 찬

고사 상 돼지 머리
죽어서도 웃고 있네

평생토록 얻어먹다
진 빚 겨우 갚았더만

멋쩍게 잘 부탁한다
노잣돈에 큰절이라,

살아생전 볼 낯 없어
하늘 옳게 본 적 없고

타고난 욕심만 커
손가락질 받았는데

외로이 떠나는 발길
천근만근 무겁다네.

한강

포태胞胎한 제살붙이 행여나 젖 곯릴까
마르지 않는 젖줄 낮밤없이 내어 주는
거룩한 손길 머문 듯 생명 빛 늘 푸르다

보듬는 숨결 따라 뭉클한 향기 날고
귀 열고 들어 보면 키질하는 박동 소리
그 누가 냉가슴 앓는 저 깊이 너비 알까

간간이 피고 지는 볼우물 파인 만큼
허연 속살 다 가리고 겉 매무새 얼비춰도
남몰래 맴도는 사연 물안개로 자욱하다

등 밝힌 은하수로 지친 몸 미역 감고
반짝이는 생기 태워 노 젓는 속내 가득
이 밤도 뒤척거리다 재우는 어머니 강.

어쩌다가 외 1편

진 진 욱

아파트 밀집 지역 도로변 어귀
뱃심 좋게 자리 잡고 있는
포장마차
작은 키를 원망이라도 한 듯
자르기 바쁘게
꾸역꾸역 순대를 삼켜 대는 여인들
창자라도 키워 보자는 것인지
그래 봐야 크기는커녕
뱃가죽만 늘어져 금방이라도
먼저 생긴 창자부터 배꼽을 열고
삐져나올 것 같아
먼발치서 보기에 몹시 불안하다
호랑이는 죽어서 가죽을 남기고
사람은 죽어 이름을 남기고
돼지는 죽어 창자라도 남기는데
나 비록 사람이긴 하지만
남들처럼 남길 이름이 못 되니
부모 형제, 자식 보기 참으로….

불공평

잘생겼다거나, 아름답다라고
말 건네기 겁난 세상
수치성 발언
성희롱
성추행
성폭행
남자들에게만은 얼렁뚱땅 넘어가면서
왜, 여자들에게만 100% 보호하나?
이상한 법
이래도 되는 건가

꽃들에게는 별별 소리 다하면서
만지작거리면서
얼굴 부비면서
들춰 보면서
목이나
허리를 꺾어 태연하게 거리를 활보하면서
뿌리째 보쌈해 가는 걸 보면서
왜
왜
남자들과 꽃들만이 100% 보호를 못 받나.

아리랑 외 1편

차경섭

1
진고개 딸각발이 게다짝도 사무친데
우리네 독도 섬을 자기네 땅이라 하니
참으로 양의 탈을 쓴 인면수심이 아니랴

2
그 시절 땟거리는 가난하고 부실했기에
선구자 아리랑도 울어 버린 북간도여
그래도 칠산 바다엔 눈먼 왜구 다스렸고

3
찬란한 백제 문화 꽃피웠던 구라다에
코무덤 귀무덤을 찾아보니 소름 일어
칠지도 한번 휘둘러 못된 왜구 치고 싶어라

4
간악한 저 왜구는 침략에만 마음 쓰니
먹느냐 먹히느냐 한 광야의 야수 같고
항구의 사랑 노래는 또 그렇게 슬피 울었건만

5
망국의 한을 안고 풍찬노숙 사무치게
선구자 의병대는 이국 땅에 피 뿌렸건만
국보도 비명횡사한 그 책임 진 자 없더라.

아리랑 · 5

1
언젠가 된장국에 보리밥도 궁했건만
그래도 미남미녀 황우장사 많았으니
해거름 길고 긴 봄날 초근목피 불티났고

2
인생사 돌아보면 잔인한 삶이기에
덩치 큰 씨름꾼도 때가 되면 숙명 지고
천하에 독불장군은 누구인지 모를레라

3
젊은이 꿈나무도 없는 고향 쓸쓸건만
빈집은 무너질 듯 을시년스럽기에
잡초가 무성한 뜨락 풀벌레만 울어 쌓고

4
늦가을 뜨락에도 들국화는 피련만은
짜증을 부려 봐도 한번 간 임 오지 않고
저기 저 양지를 찾는 황혼 인생 처량터라

5
발정 난 까투리는 짝을 찾아 산울림 하니
사랑은 환각인지 광기인지 알 수 없고
여인의 미소 띤 보조개는 볼수록 마음 끌더라.

소록도기記 외 1편

채 규 판

그 눈물은 미움의 끝이라 하자
전율도 뒤척임도 없이
하느님이 어디쯤 오고 계신지
알지도 못하면서
밀리고 끌리고

흔들리며
처연히 풍속을 읊조리던가

사랑이야 한 줄기 진흙 같은 것
오래전에 삼킨
숙명 앞에서
그리워서
그렇게 통곡으로 새우는가

인적이 닫힌 이 오지에서
쉴 새 없이 무너져 내리는
목숨의 조각들,
헤어짐이 어설프다지만
차마, 울부짖지 않는다

여름이 넘어가는 석양에
뱃고동 소리

여태 멎어 있고
몇 가닥 괜히 회한을 저미며
무정일레
무정할사
저 문을 지나며
거위가 운다.

아주 어린 시절의 이야기

친구야, 손에 낀 때를 씻어 내며
왜 그렇듯 아쉬웠나
서너 살 위아래도 없이 덤벙대던 개울물에서
아아, 우리는 한두 마리 철새였거니,
친구야, 노을 물에도 눈물이 빛났구나

하루내 일 년을 살며
우리들은 꽃이 되고 강이 됐어라
풀포기마다 여무는 내일을 북북 지워 대면서
까르르—까르르—
날뛰다가
우리는 이제 새가 되었구나

지향指向도 마지막도 모르는
새가 되었구나
친구여.

겨울나무 · 1 외 1편

채 동 규

노을은
서산마루를
붉게 물들이고

찬바람 불어
낙엽 진
앙상한 가지를 흔든다

길손은
옷깃을 여미고
푸른 잎새를 추억한다.

겨울나무 · 2

겨울나무
앙상한 가지 위에
눈꽃이 피었구나

햇볕은
따뜻하게
눈꽃 위에 잦아들고

잎눈은
연초록 봄 잎새를
꿈꾸며 잠을 자네.

따뜻한 마음 외 1편

채 수 황

이웃
사촌 따뜻한
마음

배달
민족의 풍토
더니

서구
문명 보급된
지금

개인
주의가 팽배
하여

갈등
소리만 들려
오네.

행복 파트너

모든
사람의 행복
파트너

얼마나
멋진 인생관
이냐

어울려
살면서 성장
하리니

상부
상조로 우뚝
솟아

각박한
세상을 순화
시키네.

그랜드 캐니언 외 1편

채행무

태고에 문을 연 그랜드 캐니언
세상만사 모르고 잠들었던 곳
이십억여 년 유구한 세월 속
시간도 멈추고 서 있었네

신비 속에 파묻힌 그랜드 캐니언
장구한 역사를 간직한 채
끊임없이 흘러내려
세인들을 놀래키네

흘러가는 강물을 바라보는
솟은 바위 위에 다람쥐는
그랜드 캐니언의 유구함을
아는지 모르는지

지금도 콜로라도 강물은
유유자적 흘러만 가는구나.

손자 사랑

다섯 살 어린 손자
지팡이 의지하고 걷는 할머니에게
어린 손이 내 왼손 꼭 붙잡고
하나 둘 발 맞춰 또박또박 젊음처럼 걸었네

가족끼리 여행할 때
착한 둥이 준규는
아빠 차 타지 않고 할아버지 차로 달려와서
할머니가 들려준 옛날이야기와
성서 이야기 듣다가 잠이 들고

계단 따라 오르고 내려올 때는
어느새 다가와 내 손을 잡고
"할머니 천천히 내려오세요" 도와주는 내 효손
지금은 초등학교 4학년이다

착한 손자 준규야
세상을 가슴에 안아 보아라
사랑의 친절과 진실을 네 목에 걸고
너를 떠나지 않게
네 마음의 미루나무가 하늘 높이 오르리라.

사십구년생 외 1편

천 강 화

겨울로 떠나는
마차
소리는
점. 점.
가까이 들려오는데

겨울
바다 새는
바다 위를 날고

겨울
바다는
파도에
몸을 맡긴다

찬바람
찬 파도에
몸을 맡긴 채로

따스한
봄날은
느낌도 없이 사라지고

뜨겁던
여름날도
후딱 가 버린 지금

찬 서리
내리는
가을 언덕에서

겨울 마차 소리를
들어야
하는가?

허전한
이 가슴은
부질없이
슬프기만 하구나.

사랑하는 두 아들에게

집안에
꽃이어라
나라에
기둥이어라
반만년 역사 위에
우뚝 솟은
기둥이어라
동, 서, 남의
바다와
백두산서부터 한라산의
빛나는 정기를
듬뿍 한몸에 받고서
광활한 대지 위에
힘차게
버티고 서 있는 너
강康 충忠 효孝 지智 용勇 신信 인仁
이 일곱 자를
불같이 뜨거운 가슴속에
깊이
새겨 두고 행하여라
2000년대는
너희들의 것이니
억만 년이 지나도

만인의
존경을 받는
사람이 되어라
온 세계에
너희들의 이름을
길이길이
빛내어라.

고향 외 1편

최광호

심산유곡 하늘도 높다
계곡에 흐르는 맑은 물소리
적막한 산마을 진동한다
가난해도 수채화와 같은 마을
소나무가 우거진 뒷산에는 내 누울 자리 있다
고향에 집을 짓고
시를 쓰고
세상을 걱정하다
늙어 죽고 싶다.

정情

그 눈빛
그리운 정념正念
가슴 깊게
노을로 탄다.

연예당 외 1편

최권흥

다소곳 꽃이랄까
어쩌다 길가에서

오가는 모진 바람
그래도 옷곳하다

빙그레 곁들인 웃음
너울가지 아닌가

아까운 얼굴이다
그래서 더욱 그래

항아리 옮길거나
방 안에 오늘 여기

여보오 당나귀 아냐
누리 사랑 아 으윽.

삼장재 三莊齋

발라벌 우물과 밭
옛 나라 이름하고

아버지 할아버지
뉘뉘로 오직 하나

저기 저 망석중이들
깨우치는 일이다.

소지(所志) 외 1편

최 기 섭

메타세쿼이아가
동천에
붓촉을 세웠다
용서해 주세요
사랑해 주세요

지구인 일동 올림.

산비

산비 내리는 날은
나 나무가 되고 싶다
그냥 비를 맞고 싶다
내 몸 속 깊이 폭 적셔 주는
더 푸르러진 나무가 되고 싶다

산비 내리는 날은
나 비를 맞고 싶다
큰 나무 밑에 작은
떡갈나무처럼 살랑대는
애잎이 되고 싶다

산비 내리는 날은
나 산에 살고 싶다
엄마를 부르고 싶다
사탱이를 질퍽 적신
칭얼대는 아이가 되고 싶다

산비는 산으로 오고
들에 내리지 않는다.

우리 집 사과나무 외 1편

최 기 숙

쿡쿡 찌르는 아픔에는
약을 조금씩 발라 줬다

생기가 말라갈 때는
즐겁고 상쾌한
노래를 불러 줬다

몸이 사위면
탐스럽고 예쁜
피와 살을 만들어 줬다

그는
그렇게
배려하며
생을 꾸려 나갔다

어느 날
살금살금 다가오는
무지한 발자국 소리를 들었다

아주 베어지면
임과의 약속을 지킬 수 없기에
먼저 죽기로 했다

그는
그렇게
고요히
볼품없이 죽어 갔다

곁가지에
그렁그렁
열매 몇 알 남겨 두고서.

내변산 호수

산은 아래로 흐르고
그 위로 산새 날고
깃털 구름 뜨고

억만 년의 역사가
물풀 타고
풀풀 날아오르고

우거진 수목은
수만 가지 이야기를
한꺼번에 쏟아내고

울긋불긋
과거와 현재가
소담스레 피어나고.

송정리 외 1편

최승학

송정리에 가면
솔밭이 있네
소나무 그늘 아래
잡것 하나 섞이지 않게
누억년 얼굴을 씻은
해맑은 모래부리
펼쳐져 있네
모래 속에 묻혀 있는
조개들의 달달한 이야기
가슴에 닿는 것이 좋아
송정리 솔밭
소금기 짙은
바람을 만나러 간다네.

월송리

월송리 손짓에
책갈피에 꽂았던
달빛 내려 품고
달 맞으러 가네

그믐달 초승달
반달 온달
가슴 적시는 빛발
물보라 일으키네

솜솜이 흐르는 맑음
귀를 열어
꽃가루 머금은 솔잎
하얗게 씻어 주기에

품에서 달빛 꺼내
오롯이 정자 한 채
마음으로 지어 놓고
언덕길 돌아 나오네.

목련을 그리며 외 1편

최유진

지필묵에 마음을 담아
수묵화로
목련을 그린다
음영, 농담,
그 안에 농울져 있는
지고지순한 목련의 미소
은은히 웃으시던
어머니 모습을 똑 닮았구나
화지의 여백 속으로
어머니가 걸어오신다
조용조용 걸어오시더니
미완성의 내 그림 속에서
고운 꽃송이로
피어나시는 내 어머니
드디어 화폭 속에는
어머니 마음 같은
봄이 가득하다.

바닷가를 거닐며

안목 바닷가를 걸어간다
찰랑이는 물보라 따라
모래 위에 발자국
씻기고 씻기며
하얀 포말과 손잡고 거닐면
마음은 커졌다 작아졌다
파란 공상의 나래를 달고
바람결에 미끄러져 가는 저, 소리

달빛이 풀리어 더욱 고운 물빛
내 영혼의 색감도
저처럼 아름다웠으면….

모든 것을 다
받아들이는 바다
그 넓은 가슴에 안기고 싶다
어머니의 가슴과 같은
언제나 그리운 바다.

가을 달밤 외 1편

최 │ 현 │ 희

초가집 지붕 위에 밤이슬 내리면
박넝쿨 잎새마다 굽이굽이 달빛이 서려

계집애의 야무진 입술같이
박꽃이 소담스레 입을 벌리면

한바탕 잔치 벌이는 밤의 향연
달빛과 입맞춤에 분주한 박꽃들

지붕 위에 듬뿍 서릿발 희디희고
어머니와 언니의 다듬이 소리

둥근 달이 산마루에 모습을 내밀면
휘영청 가을 밤 무르익고 있네.

강화도 마니산

천년의 역사와 얼이 담겨진 이곳
백두산과 한라산의 한가운데에서
신령의 한이 긴 세월에 굽이굽이 서렸다

역사의 흐름 따라 선경에 왔을까
그리움으로 일렁이며 고즈넉이 서 있다
칠 선녀 채화의 참선단의 고요함 깃든 채

오늘따라 왜 이리도 경건하기만 하구나
저어 푸른 하늘 뭉게구름 너울대며 흐르는데
여릿여릿 다가오는 민족의 혼이 서린 영산이여

이 자리는 아직도 단군의 체취가 배인 흔적들
하늘에 제사 지냈던 제단은 고즈넉이 남아 있다
단군 할아버지의 너그럽고 인자하신 근엄한 모습

묵언으로 서 있는 빛바랜 비석의 글귀와 함께
그 시절 장엄하신 영령들 세월의 무게로
큰절 올리고 조심스레 바라보았던 기억
그 옛날의 위엄 얼핏 내 머리를 스쳐 간다.

10월, 양양에는 외 1편

추 | 경 | 희

가을빛 익어 가는 계절
10월이면
내 고향 양양에는
알싸한 송이 내음 그윽하다

선잠 깬 솔향기
탱태글 망울져 올 즈음
솔검불 살살 헤쳐 보면
솔향기 뒤집어쓴 어린놈
보랏빛 향기 내뱉고

여름내 그을린 햇살
잘 발효된 가을처럼
갈빛 무더기들의 향연이 숨 쉬는

10월, 양양에는

산새 부리
따악, 깨우지 않아도
동토의 아침
그 장엄한 시간을 깨우는
천년의 향기가
가을을 캔다.

천지

"동해물과 백두산이 마르고 닳도록"

초등학교에 입학해서
처음으로 외우고 부른 애국가
그때부터 백두산 천지는 내 가슴속에
동경의 머리말로 남아 있었다

2012년 7월 9일
백두산 해발 2,200m를 올라와
드디어 40년 짝사랑을 끝냈다

긴 시간 짝사랑이면 어떠랴
천지, 너를 보는 이 순간만으로
100년을 더 기다릴 수 있는데

오는 길 내내 요란했던 우레와
지금 막 물 위를 덮어 가는 안개는
산중턱에서 만났던 금매화랑 노란만병초
그들의 맑은 눈망울을 본 것으로 충분하다

다음에, 또 다음에 너를 찾아와도
아주 오래전부터
백발이 되도록 고민을 했을 백두산

지금 그 빗줄기를 받아 내고 있는 천지
너는 나의 영원한 그리움이다.

하늘 외 1편

편 | 문

1
울창한 수림
추적추적 내리는
가뭄 끝, 비
갈 마름 목 쉬어 버린
농부의 타는 가슴 가슴 그을은 목젖
아…. 아….
내가 갈 곳이 어드메뇨
길 잃은 미아처럼
종로 사거리
우뚝 멈추어 선
마른 눈물자국….

지나가던 땡초
목탁 한번 두드리고
한반도가 미아 얼굴에 있네

에구머니
누가 나 보쌈할 여자 없소
누가 버리고 간 지팡이 주워 들고
세월 세 번 넘어 버린 사타구니
에구에구 내가 왜 중놈이 됐누
노숙자 즐비한 골목

휘청휘청 밟고 간다.

2
이게 끝인 게여
갈라진 논바닥 들여다보던 농부
침 발라 쌈지 담배 말고
가슴속 깊이 태우려는지 힘차게 빨고는
웅큼한 하늘 향해 내뿜는다

개나 돼지나 믿으면 잘되거니,
있는 죄 고사하고 없는 죄 뒤집어씌워 놓고
믿으라 사함이니, 많이 바치는 자 일등 사함이다
11조 12조 감사, 헌금이란 종목이란 종목 모두 빼놓지 않고
아이들 과자 값, 쐬주 값, 아끼고 바쳤더니
에구, 가뭄에 말라 죽이더니
이젠 물벼락입네 이게 죄 사함을 위한 벌이라며
쓸어 가고 묻어 버리네
에이 이 사기꾼
맨날 사기만 당해
마누라한테 소박맞아
독수공방
뭘 믿어야 할지

법이란 놈은 죄 없는 교수나
증거 불충분이면
깡통머리가 법인 줄 알고
유죄여….

죄 있으나 없으나
대들었다는 허접 명분입네
철창에 가두고
앞, 뒤도 모르는 이, 검 뭐시기….
훈민정음 어드메뇨
그래도 세상은 산골짝 흐르는 냇물처럼
천연스레 흐른다.

현실

흑백사진처럼 찍히는,
몇 조각의 슬픔

사람들 가슴마다
무수히 둘러친 철조망

행간行間 사이의 지루함은
기나긴 실어증이 되고

오늘도 일상의 표피는, 속절없이
생존을 위한 타협의 비문을 새겼다.

용오름 외 1편

하 성 용

아침 햇살 잔잔한데
동장군이 기승을 부리니
오룡이 살던
탄금대 양진명소
바람이 살가워
쇠잔해진 몸을 추스른다

물안개 살금살금 피어나
상서로운 기운이
용솟음으로
하늘로 오르니
임진년 흑룡의 해에
용이 되어 승천을 한다.

무지고개의 봄비

봄 가뭄의 단비가
아카시아 향기가 그윽한
신라인이 잠든 고분 사이로
안개처럼 뿌옇게
무지고개 너머로 쏟아지니

연둣빛 봄은 쏜살같이
어디로 가고
녹음이 우거진 여름의 길목에서
봄 냄새 그윽한 송홧가루도
너부죽이 늘어지고

분주히 지나던 길손도
뚝 끊어져 내동댕이쳐지니
마른 들판에
울멍울멍 빗물 구덩이만
생겨나고 있다.

청정제를 생각하다 외 1편

하 순 명

이제 막 도착한 가을볕을 안고
슬그머니 잎 흔들리는 플라타너스
지난겨울에도 저 지난겨울에도
눈길 한번 주지 않았다
달구어진 아스팔트
폭우에 온몸 관절을
내맡기던 여름
시멘트 지옥 그 밑바닥에서
젖을수록 서로를 끌어안는 힘
녹색의 청정제를 밀어올렸다

늦은 시간까지 제 몸을
부싯돌처럼 켜 대고 있는
플라타너스
선하디선하게 서 있는
그 아래서는
곧잘 하던 거짓말도
차마 할 수 없게 된다.

그리움의 시

9월의 어느 저녁
양수리 물가에 서 보라
강바람은 온몸 구석구석
시를 쓴다

별빛을 품에 안은 강물은
들릴 듯 말 듯한 화음
보드라운 찰랑거림
나는 서성인다
졸고 있는 목선木船에 기대어
손가락 사이로 모래 한 줌 흘려보낸다

가까운 둑에서 풀벌레도 운다
행복한 저녁
반짝이는 물결 한 자락 되어
너와 나, 이 저녁 내내 찰랑찰랑
시를 쓴다

지금도 눈에 선한
우리들의 시.

벤자민 외 1편

하승지

오, 이런
얼마 전에 들어온 벤자민
눈길 뜸했더니
덜컥, 거친 숨 몰아쉰다
잠깐,
세상에 한눈팔았을 뿐인데
와르르 중심 흔들린다
허긴, 나도 허약한 사랑에
얼마나 흔들렸던가
흔들린다는 건
섣부른 절망을 부르고
절망은 삶의 편린에
외로운 부표처럼 떠다닌다

물 한 모금 축여 주려는데
순간,
내 발목 그윽이 잡는 눈빛
한번 움켜진 인연
그리 쉽게 끊어낼 수 있냐며
피다 만 그리움
느리게라도 새살 돋고 싶다고
가물가물 허공에 슬픔 내거는데

보이지 않는 목마름 어디가 끝일까.

독버섯

독야청청
그 흔한 향기 홀로 품더니
도도하게 독만 키웠네

사는 것, 별거 아니라고
너를 바라보는 눈길, 수근거림에도
무너지지 않으려
스스로 섬이 되었네

그러나
네 흐느낌 아무리 수려해도
너는 무덤 속에 갇혔다
몰래 키운 사랑 연민의 눈길
그 누구도 보내지 않는다

잡을 것도
이룰 것도 없는 세상
서로 마음 풀어야 산다는데

네가 아무리 화려하게 떠 있어도
어둠 속 별이 될 수 없다는 것을.

봄빛 쏟아지는 청보리밭 외 1편

한 석 산

새봄과 함께 그늘진 삶도 풀이 돋아
꽃 피울 수 있을 것 같은 푸르른 날
보리꺼럭처럼 깔깔한 추위가
아직은 몸을 움츠리게 하지만

옷깃을 파고드는 살찬 추위보다 앞서
꽃봉오리 터뜨리는 홀로 푸른 풀잎 하나
몇 시절 견뎌서 피는 저 작은 풀꽃
내 꽃 피는 날의 봄도
돌려서 살 수 없는 것일까

뺨을 스친 겉보리 쭉정이 같은 바람이
봄빛 쏟아지는 청보리밭
이삭 팬 풋보리 영근 향을 실어 나르는 아침
봄은 마냥 내 마음에 잦아들어
연둣빛 풀물 드는 오늘 같은 날은

꿈속에서도 눈에 젖어드는 그 푸른 보리밭길
내 어려서 오르던 고향 앞산머리
진달래꽃 환한 그늘
어머니의 웃음 속으로 나들이를 한다.

내가 사는 이유

찔레꽃 향기 자지러지는 어느 날
목마른 나의 일상에
봄비처럼 다가와서
한몸 되어 비탈진 내 삶을 온통
꽃 내음 가득한 숲을 이뤄 준 당신

당신은 나에게 하늘 아래
가장 빛 고운 꽃이어라
내 곁에서 피었다 시들어지는
별을 닮은 한 떨기 순결한 꽃

곱다시 비다듬은 단정한 매무새
복사꽃 물든 환한 낯빛
아침 이슬처럼 초롱한 눈
꿀꽃 따 문 앵두 입술
수줍은 수선화 같은 미소
장미꽃보다 더 뜨거운 열정으로

높새 치는 설한의 세상 복판에서
봄, 여름, 가을, 겨울 없이
빛과 향이 어우러진 잎과 꽃을 피워
꽃보다 더 아리따운
사랑의 향기를 뿜어 올리는 당신은
오늘 내가 사는 이유입니다.

애바라기 외 1편

한승민

애바라기가 되니
내 애바라기가 보이네

그 초조하고 아련한 마음을
가슴으로 껴안는 무한 사랑
모르고 살았네

싫어,
정말 싫어서
시야를 탈출하려던 기억

'애'를 따라 도는 불면의 시간
시야 속에서 벗어날까
점점 더 길어지는 목

운명으로 지워진
나의 또 다른 이름
애 · 바 · 라 · 기.

옛 친구

너는 거울이다

추억을 들춰내면
해맑게 나타나는
나의 두근거리는 거울

세월이야 상관없이
소년으로 고정된 시선

어른이어도 너는 십대다
그 치기稚氣를 공유하는 세월

너는 추억의 파편
맞추면 하나가 되는
아련한 나의 분신이다.

붉은 초승달 외 1편

한 재 만

고요한 모슬렘 마을은
초승달이 떠오른 이른 저녁부터 소란스러웠다
폭탄이 몇 번의 괴성을 질렀고
순식간에 폭풍이 휘몰아쳤다
여기저기 음음한 깊은 웅덩이가 파였다
구급차가 경적을 울리면서
붉은 흙먼지를 헤집으며 달려들었다
썩 길들여진 건장한 흰 마스크들이
야수처럼 재빠르게 움직였고
인간의 몸뚱이에서 이탈하여 나뒹구는
팔과 다리들을 검은 비닐봉지에 담기 시작했다
어떤 여인이 통곡을 쏟아 내며
목 잘린 어린 머리통을 껴안고 있었으나
억센 팔뚝들이 가로채 갔다
상점마다 불 꺼진 채 문이 굳게 닫혀 있다
침묵하고 있는 붉은 눈빛들
몇몇은 찢겨진 겨울 하늘을 날카롭게 응시했고
무너진 창문 틈새로 차도르 쓴 소녀의 눈빛이 검게 젖어 있다
공습경보 사이렌 소리가 멈추자
한 노파가 흙먼지 쓴 코란 경전을 툭툭 털었다
어두움이
산 자와 죽은 자를 순식간에 삭제했고
붉은 초승달은 침묵했다.

봄날 강변에 서서

지난가을 바람에게
제 살 모두 내어 주고
잔잔히 글썽이는 붉은 물결 위로
내려앉은 튼실했던 잎새들

물에 젖어 물이 되어
직선의 목을 꺾고 휘청거리며
앞서거니 뒤서거니 흐르고 흐르다가
사정없이 찢기고 깎이며
사랑도 미움도 아득히 걸러지고
천 길 망각으로 비어지며 흐르다가

가는 길 오는 길을 묻지 않아도
넉넉히 출렁이는 숨질의
연초록 햇살로 강물 강물 찾아오는 소리를
봄날 강변에 서서 듣네.

재생 외 1편

한주운

흔들리는 소음을
귓가에 매단 채
시간을 쪼개는 수고도
빛을 잃었다

삶의 갈피마다
꽂아 두고 볼 수 있는
붉은 꽃잎이 있다면
그보다 더 붉은 울음을
삼킬 수 있을 텐데….

내리는 소나기 밖에서
난
촉수를 잃은 한 마리의 벌레

기억의 저편에
숨을 멈추게 하는
네가 바라본다.

빈 바다에서

늦여름
목이 쉬도록 울던 매미는
가을비를 부르는 찬바람에
저만치 하늘로 향하고
지리한 장마와 폭염의 잔해가
넝마처럼 널브러진 해안가에서
난
밤새 몸살을 앓던 파도를 안는다

낯선 이의 빈 시간을 채우는
모래 위의 흔적은
지워진다고 잊혀지는 것이
아니라는 것을
숨 가쁜 호흡으로 건네주고
가슴 밑바닥까지 파랗게 물들인
바다는 그렇게 그곳에 서 있다

어둠이 내린 그곳에서
한 점의 망부석이 된 기다림의 시간
한 해를 거르고 걸러도 오지 않을
비어 버린 약속임에
멀리서 등댓불이 나를 비추기 전
어서 등을 돌려야겠다.

당신은 늘 그리움입니다 외 1편

허 은 화

그리움엔
이유가 없는 것이니
그리운 사람이 있어
나는 행복합니다

내 안의 그리움
그 사랑이 있으니
나는 그 이름 조용히 불러 봅니다

그리워서 그리운 사람
당신은 늘 그리움입니다.

비가 좋은 건

비가 좋은 건
물방울이 떨어지며 무언가와 만나기 때문이다

비가 좋은 건
속 깊은 나를 깨우고
삶의 날줄에
이야기를 남기기 때문이다

때로는 이슬비로
때로는 가랑비로
때로는 장대비가 되어 내리는 풍경

비가 좋은 건
쿵쾅거리며 쏟아지는 소나기 이후 기다려지는 무지개
그런 풍경 때문이다.

충전 외 1편

홍계숙

깊은 산
홀로 피어
눈물로 웃는
들꽃 만나고 오던 날

땀에 젖어 반들거리는
멍에를 지고
뙤약볕 아래 밭 갈던
소를 만나고 오던 날

가슴에 불어오는 바람
알록달록, 색바람이었기에
행복하여, 행복하여
밤 깊도록 시를 썼다.

우울증

햇빛 쨍쨍한 날
스쳐 가는 바람이
가슴속 깊이 묻은 기억들
파헤쳐 놓고 가기에

온종일
냉수 한 사발로
배
채
웠
다.

아름다운 추억을 위하여 외 1편

홍 병 선

누구도 어쩔 수 없이 가고
나의 모든 존재도 사라져서
무엇 하나 남을 게 없다 하여도
모두 버리지를 못하는 것은
나에게 주어진 시간이
우연한 것이 아니며
최선으로 노력을 하다 보면
가진 것이나 줄 것은 없어도
서로를 아껴 주고 도와 가며
정을 주고 살려 한다면
아무리 부질없는 세월이라도
아무리 삭막한 세상이라도
잊혀질 수 없는 게 있으려니
훗날 내가 가고 없을지라도
그 기억은 어디에 남으리라
누구의 가슴속에서
영원히 남는 추억이 되리라.

사는 게 무엇인지

어디가 시작이 되고
어디가 끝이 되는지
알 수 없는 것이 세월이라면
순간의 생각들은
본래의 것이 아닌
명멸하는 순간의 현상인데
그걸 따라가며 살고 있는
알 수 없는 우리의 삶은
무엇 때문에 존재하고
무엇 때문에 살아야 하는 건지
꿈같은 세상에
바람 같은 세월에
구름이나 바람같이 떠돌면서
정처 없이 떠돌고 있는
우리들의 오늘이여
우리들의 내일이여.

시인의 노래 외 1편

홍 원 선

하나님의 창작 작품인
자연自然과 만물
마음의 창을 열면 시를 쓰리
시인詩人은 콧노래 부르리

우주의 봄, 여름, 가을, 겨울의 조화
계절의 색깔 칠하며
시인은 콧노래 부르리

하늘, 땅, 바다, 산
빛, 생물, 인간, 만물도
시인은 콧노래 부르리

세월이 흐르고 마음도 동행하면
창조주 음성을 들으리
시인은 노래의 메아리 울려 퍼진다.

삼천리 반도가 떴네!

충남 대탕
천리포해수욕장엔
파아란 한반도가 떴다

파래가 만든 자연 현상엔
울릉도
독도도 있습니다

천리포수목원 해안 전망대에 서면
한국 파래 지도
하루 두 때 지극히 아름다운 모습이
손뼉 치며 야! 멋있구나!

몇 주 전부터 신기묘묘한 지도 보인다
일본이 미련스럽게 제 땅이라는 독도 울릉도가 있어
백여 년 체증이 확 뚫린다

한반도 파래들이 만들어 낸 자연 현상
이곳 주민 천리포수목원 직원도
파래 얻어 파래무침 파래전 부쳐 먹을 때
폭소가 터져 나오는 것을….

검둥이야

바둑이야
삽살이야 파아란 한반도 구경 가 보자.

(사)한국시인연대 제11대 임원 명단
— (구)한국공간시인협회

회　　장　우성영

고　　문　정득복, 채규판, 김성계,
　　　　　박근모, 이진석, 최광호

부 회 장　곽현숙
　　　　　김성일
　　　　　장문영
　　　　　박종욱

중앙위원　권영주, 김영화, 박건웅,
　　　　　이명우, 정창운

이　　사　김　백, 김옥재, 김풍배,
　　　　　박상교, 박영숙, 박현조,
　　　　　여한경, 유경환, 이근모,
　　　　　이한식, 정진희, 편　문,
　　　　　한주운

한강의 시혼

초판발행/ 2013년 2월 25일
지은이/ (사)한국시인연대 우성영 외
펴낸이/ 김명덕
펴낸곳/ 한강출판사
홈페이지/ www.mhspace.co.kr
등록/ 1988년 1월 15일(제8-39호)
주소/ 서울시 종로구 인사동 131번지 파고다빌딩 408호
전화 02) 735-4257, 734-4283 팩스 02) 739-4285

값 **25,000원**

ISBN 978-89-5794-244-4 03810

※잘못된 책은 바꾸어 드립니다.
※협약에 의해 인지는 생략합니다.